Franz Schühlein

Studien zu Posidonius Rhodius

Franz Schühlein

Studien zu Posidonius Rhodius

ISBN/EAN: 9783742865397

Hergestellt in Europa, USA, Kanada, Australien, Japan

Cover: Foto ©Thomas Meinert / pixelio.de

Manufactured and distributed by brebook publishing software (www.brebook.com)

Franz Schühlein

Studien zu Posidonius Rhodius

Studien

zu

Posidonius Rhodius.

Programm

der

Kgl. Studienanstalten in Freising

für das Schuljahr 1885/86

verfasst von

FRANZ SCHÜHLEIN

Gymnasialassistent.

FREISING.
BUCHDRUCKEREI VON FRANZ PAUL DATTERER.
1886.

Vorwort.

Vorliegende Arbeit verdankt ihr Entstehen einzelnen kritischen und exegetischen Versuchen über das eine oder andere Fragment aus den Schriften des Posidonius. Da hiebei selbstverständlich mehrmals auf das Biographische zurückgegangen werden musste, fand ich, dass auch hier noch vieles sicher zu stellen, vieles zu berichtigen sei, wodurch zugleich eine Menge von Nebenuntersuchungen bedingt war. Auf solche Weise bildeten sich kleine Abhandlungen, von denen zunächst jene zusammengestellt wurden, welche auf die Lebensverhältnisse des Stoikers und solche Fragen Bezug nehmen, die mehr oder minder damit in Verbindung stehen. Wenn ich nun diese Reihe von Studien über Posidonius der Öffentlichkeit zu übergeben wage, so thue ich es nicht ohne ein gewisses banges Gefühl, denn vieles mag zu unkritisch, vieles ungenügend und manche Ansicht, die sich mir zur Gewissheit aufgedrängt hat, Kennern zweifelhaft und nicht hinreichend begründet erscheinen. Doch masse ich mir nicht an, überall das Richtige getroffen zu haben, ich wollte nur das gesamte Material in annähernder Vollständigkeit geben, und am Ende dürfte sich in dem vielseitig behandelten Stoff da und dort doch ein Körnlein entdecken lassen, das der Beachtung wert erscheint. Ob diese Studien sich fortsetzen und in weiteren Serien zunächst die historisch-geographische Thätigkeit des Gelehrten, dann seine Schriften überhaupt und in Verbindung damit eine Besprechung und Sichtung der Fragmente behandeln werden, hängt natürlich von der Aufnahme gegenwärtiger Arbeit ab.

Freising, den 28. Juli 1886.

Einleitung.

Als Rhodus in der Diadochenzeit sich zu hoher politischer Bedeutung emporgeschwungen hatte, entwickelte sich auch eine bemerkenswerte Regsamkeit des Geistes, indem alle Zweige des Wissens gelehrt, gepflegt und erfolgreich betrieben wurden. Es war in diesem Zeitraume die Vaterstadt oder der Aufenthaltsort einer Reihe wissenschaftlich hervorragender Männer, und unter diesen ist ganz besonders zu nennen Posidonius aus Apamea, welcher in der ersten Hälfte des letzten Jahrhunderts v. Chr. als Haupt der rhodischen Stoa erscheint.

Posidonius, der bedeutendste Schüler des Panätius, galt als der gelehrteste unter den Stoikern. Über ihn herrscht bei Zeitgenossen sowohl wie bei der Nachwelt nur eine Stimme der Anerkennung. Mit seltener Universalität umfasste sein Geist beinahe das ganze Gebiet des damaligen Wissens, welches er mit erstaunlicher Thätigkeit in vielen, mitunter umfangreichen Werken behandelte. Neben seiner Wirksamkeit als Lehrer der Philosophie betrieb er ausgedehnte historische Studien und wurde hier eine Hauptquelle für spätere Geschichtschreiber; er hatte grosse Reisen unternommen und verwertete die dabei gewonnenen Kenntnisse in dem Masse, dass er als einer der ersten Geographen galt, dessen Mitteilungen zu discutieren Strabo sich zur Ehre rechnet;[1] er leistete Bedeutendes als Mathematiker und Astronom und beschäftigte sich eingehend mit naturphilosophischen Fragen; auch rhetorischen und grammatischen Studien oblag er, ja selbst die Militärwissenschaft blieb nicht unberücksichtigt[2].

Man könnte sich beinahe zur Annahme versucht fühlen, es habe bei ihm die Polymathie das wissenschaftliche Element über-

---

[1] Strab. I. p. 14.
[2] cf. Aelian. Tact. 1: ὁ δὲ στωικὸς Ποσειδώνιος καὶ τέχνην τακτικὴν ἔγραψεν. Arrian. Tact. init.: Ποσειδώνιος ὁ Ῥόδιος καὶ τέχνην τινὰ τακτικὴν συγγράψας κατέλιπεν.

wogen, wenn dem nicht das ausdrückliche Zeugnis der Alten gegenüberstünde, die seine Gründlichkeit in der Forschung betonen, ja Strabo, der ihn den πολυμαθέστατος seiner Zeit nennt, hebt rühmend hervor: πολὺ γάρ ἐστι τὸ αἰτιολογικὸν παρ' αὐτῷ καὶ τὸ Ἀριστοτελίζον (II, 104).¹)

Posidonius wirkte aber nicht bloss als Lehrer und Gelehrter, auch politisch war er thätig im Interesse seiner neuen Heimat, und hochgeschätzt von seinen Mitbürgern bekleidete er die ersten Staatsämter. Das darf uns nicht Wunder nehmen, wenn wir neben der wissenschaftlichen Bedeutung schliesslich noch den Charakter unseres Stoikers beachten, in dem sich die sprichwörtlich gewordene Selbstbeherrschung seiner Schule mit einer wohlthuenden Humanität vereinigte.

Wie sich von den zahlreichen Schriften²) des Posidonius bloss einzelne Fragmente erhalten haben, so sind wir auch über seine Lebensverhältnisse nur dürftig unterrichtet. Da nun die vorliegenden Studien grösstenteils Fragen behandeln, welche auf die Biographie Bezug nehmen, so will ich zunächst über jene Quellen, die hiefür in Betracht kommen, mit wenigen Worten mich verbreiten.

In erster Linie sind es die Fragmente, die da und dort eine diesbezügliche Notiz bieten. So erfahren wir durch Posidonius selbst, dass er zu Rhodus Prytane gewesen (fragm. 64), dass er i. J. 86 als Gesandter in Rom geweilt habe (fragm. 40), ausserdem manches, was über seine Reisen Aufschluss zu geben im stande ist. — Unter den Zeitgenossen des Gelehrten sind es

---

¹) Wie hoch Posidonius von der Wissenschaft dachte, dafür zeugt ein Ausspruch von ihm bei Seneca (ep. 78, 28): Unus dies hominum eruditorum plus patet quam imperitis longissima aetas (vgl. auch Cic. Tusc. V, 2).

²) Das Verzeichnis der Werke des Posidonius bei Bake (pag. 235, sqq. und C. Müller (fragm. histor. Graec.) Vol. III pag. 248 sq. ist um eine Schrift: σύνταγμα περὶ ὀργῆς zu vermehren. Erwähnt ist dieselbe auf einem Papyrusstreifen, herausgegeben von Ed. Muralt (Catalogue des manuscrits grecs de la bibliothèque impériale publique de Petersbourg. Petersb. 1864) mit Facsimile (Nr. 13). Wir haben darin den Ueberrest eines griechischen Bücherkataloges aus Ägypten (nach Muralt p. 1 stammt der Papyrusfetzen aus Sakkarah, also aus der Nähe von Alexandrien) s. Rhein. Mus. für Philol. N. F. XXI. Jahrg. 1866, pag. 431 ff.

Der Fetzen hat 2 Columnen, in der linken, Zeile 8, lesen wir:
Πο]σειδωνίου σύνταγμα περὶ ὀργῆς.

Cicero und der viel jüngere Strabo, denen wir ein paar hieher gehörige Andeutungen verdanken. Bei späteren Schriftstellern, besonders bei Athenäus und Plutarch, findet sich noch die eine oder andere Bemerkung, im grossen und ganzen aber ist die Ausbeute, die wir aus all' dem gewinnen können, verhältnismässig gering. Eine eigentliche Biographie des Posidonius wird von seinem Enkel Jason aus Nysa stammen, welcher ihm als Scholarch der rhodischen Stoa folgte. Jason schrieb nach Suidas (s. v. Ἰάσων) βίους ἐνδόξων und φιλοσόφων διαδοχάς. Wohl in beiden Werken, sicherlich im zweiten, handelte er von Posidonius, und er wird dies in etwas ausführlicher Weise gethan haben, da er nicht nur von einem berühmten Manne, sondern auch von seinem Grossvater, Lehrer und Vorgänger im Amte zu reden hatte[1]).

Ein anderer Schüler des Posidonius, Phanias, verfasste eine Schrift, worin er über die Wirksamkeit seines Lehrers Aufschluss erteilte (s. Diog. Laert. VII, 41: Φανίας ἐν τῷ πρώτῳ τῶν Ποσειδωνίων σχολῶν). Gewiss war in derselben das biographische Element nicht vernachlässigt, zumal sie ein Spezialwerk über den Stoiker bildete.

Also aus der Schule des Posidonius selbst sind die ersten zusammenhängenden Darstellungen über Leben und Wirken des Philosophen hervorgegangen, und das ist auch ganz erklärlich. Leider ist von solchen Schriften nichts auf uns gekommen, aber man wird berechtigt sein anzunehmen, dass gar manche biographische Nachricht aus späterer Zeit auf jene Arbeiten in letzter Instanz zurückzuführen sei.

Ausser den in den Fragmenten und bei einigen Schriftstellern zerstreuten spärlichen Mitteilungen haben wir nur noch eine kurze Notiz in dem pseudolucianischen Büchlein μακρόβιοι und einen Artikel bei Suidas (s. v. Ποσειδώνιος Ἀπαμεύς), mit dem sich der gleichnamige Artikel im Violarium der Eudocia deckt.

In der unter dem Namen des Lucian coursierenden Schrift μακρόβιοι, die uns das Andenken an hochbetagte Männer der Li-

---

[1]) Suidas erwähnt eine weitere Schrift Jason's, betitelt: περὶ Ῥόδου. Auch darin hat Posidonius, der ja zu Rhodus politisch thätig war, vielleicht seinen Platz gefunden.

teratur und Geschichte aufbewahrt hat, lesen wir cap. 20: Ποσειδώνιος ὁ Ἀπαμεὺς ἐκ τῆς Συρίας, νόμῳ δὲ Ῥόδιος, φιλόσοφος τε ἅμα καὶ ἱστορίας συγγραφεύς, τέσσαρα καὶ ὀγδοήκοντα ἔτη (scil. ἐβίωσεν). — Nun sind die μακρόβιοι allerdings mit Vorsicht zu gebrauchen. Für uns ist die daraus angeführte Stelle insofern von Wichtigkeit, als sie allein einen Anhaltspunkt gibt für die Fixierung des Geburtsjahres des Posidonius. Sie verdient daher auf ihre Glaubwürdigkeit hin geprüft zu werden.

Zunächst ist hervorzuheben, dass sie in allem anderen Richtiges gibt, und dass die angeführte Lebensdauer für die Biographie nicht die geringsten Schwierigkeiten bietet. Nach C. F. Ranke (Pollux et Lucianus, Quedlinburg 1831, pag. 16 sqq.) ist die Schrift verfasst in der Zeit des Tiberius und noch vor dem Sturze des Sejanus (pag. 19), wahrscheinlich von Phlegon von Tarsus, dem Freigelassenen des Augustus (pag. 21). Dann stand der Verfasser dem Leben des Posidonius nicht mehr so ferne, er oder seine Quelle hatten zuverlässiges Material zur Verfügung, das vielleicht in letzter Linie wieder zurückgeht auf Phanias oder Jason.

Ich komme nun zu dem Artikel des Suidas. Suidas gibt unter dem Namen Ποσειδώνιος drei Artikel (Ποσειδ. Ἀπαμεύς, Ποσειδ. Ἀλεξανδρεύς und Ποσειδ. Ὀλβιοπολίτης). Für uns kommt nur der erste in Betracht[1]). Er lautet: Ποσειδώνιος Ἀπαμεὺς ἐκ Συρίας ἢ Ῥόδιος, φιλόσοφος στωικός, ὃς ἐπεκλήθη ἀθλητής. σχολὴν δὲ ἔσχεν ἐν Ῥόδῳ, διάδοχος γεγονὼς καὶ μαθητὴς Παναιτίου. ἦλθε δὲ καὶ εἰς Ῥώμην ἐπὶ Μάρκου Μαρκέλλου· ἔγραψε πολλά. Damit vergleiche man Eudocia im Violarium pag. 610 ed. Flach: Ποσειδώνιος Ἀπαμεὺς ἐκ Συρίας, κατὰ δέ τινας Ῥόδιος, στωικὸς φιλόσοφος, ὃς ἐπεκλήθη ἀθλητής. κτλ wie oben (also nur eine Abweichung: κατὰ δέ τινας statt ἤ).

Nach dem Urteile der bedeutendsten neueren Suidasforscher

---

[1]) In den beiden folgenden Artikeln (Ποσειδ. Ἀλεξανδρεύς und Ποσειδ. Ὀλβιοπολίτης) herrscht Verwirrung bezüglich der Schriften, indem die dem Apamenser angehörigen Werke ἱστορίαι und περὶ ὠκεανοῦ fälschlich dem Alexandriner resp. Olbiopoliten zugewiesen werden. Eine eingehende Besprechung dieses Punktes gehört natürlich der Untersuchung über die Schriften des Posidonius an.

stammt der Artikel aus dem Onomatologos des Hesychius von Milet (6. Jahrh.)[1]). Dieser Onomatologos trug im wesentlichen einen literar-historischen Charakter. Aber Suidas hat nicht das Werk selbst vor sich gehabt, sondern nur einen Auszug aus demselben (s. v. Ἡσύχιος: ἔγραψεν ὀνοματολόγον ἢ πίνακα τῶν ἐν παιδείᾳ ὀνομαστῶν, οὗ ἐπιτομή ἐστι τοῦτο τὸ βιβλίον — Worte des Epitomators, die Suidas mechanisch mit abschrieb[2]). Aus welcher Quelle wieder Hesychius seine Angaben schöpfte, ist allerdings sehr schwer zu entscheiden. Hält man aber Umschau unter den Werken, die ihm für philosophische Schriftsteller zu gebote stehen konnten, so möchte man am ehesten an jene Quelle denken, die auch Diogenes Laertius vielfach benützte, an das Homonymenwerk des Demetrius Magnes[3]). Dann aber ginge unser Artikel auf eine gut unterrichtete Autorität zurück, denn Demetrius war Zeitgenosse des Cicero und Freund des Atticus. — Nach Diels (Rhein. Mus. XXXI pag. 30 not.) sind jene Viten, welche aus Demetrius Magnes geflossen, wieder nur durch einen Epitomator dem Diogenes und Hesychius übermittelt worden. So und so oft excerpiert gelangte also auch unser Artikel in das Suidaslexikon. Und in der That zeigt er deutlich, wie er aus einem längeren stark zusammengezogen ist. Ein Übergehen zu einer anderen Quelle ist nicht bemerkbar, Zuthaten des Suidas ebensowenig, er scheint daher einfach so, wie er vorlag, abgeschrieben zu sein. Zur Gewissheit würde dies erhoben, wenn man der Ansicht beipflichtet, dass das Violarium der Eudocia vielfach auf ebendieselbe Quelle (Hesychius) zurückgeht. Diese Ansicht ist vertreten von

---

[1]) Flach hat den Artikel auch in seinem aus Suidas und Eudocia reconstruierten Onomatologos des Hesychius aufgenommen (Hesychii Milesii Onomatologi quae supersunt. Lips. 1882, pag. 177).

[2]) S. Flach l. c. proleg. pag. XII adn. 5; Daub: Studien zu den Biographica des Suidas. Freiburg u. Tübingen 1882, pag. 134. Nach Flach l. c. stammt die Epitome aus dem 7. Jahrh.

[3]) Über Demetrius Magnes als Quelle des Hesychius s. Flach l. c. proleg. pag. L 299. Daub: de Suidae biographicorum origine et fide (Jhrbch. für klass. Philol. Suppl.-Bd. XI, pag. 470 sqq). Eine Monographie nebst Fragmentensammlung von A. Scheurleer: De Demetrio Magnete. Lugd. Bat. 1858.

hervorragenden Gelehrten, während andere die Abhängigkeit des Violariums von Suidas betonen[1]). Soviel über die Quellen. Was die Literatur betrifft, in der die Biographie des Posidonius mehr oder weniger Berücksichtigung gefunden hat, so sind mir zunächst zwei ältere Abhandlungen bekannt, die eine von J. G. Voss (de historicis Graecis pag. 154—158), die andere von Burigny (hist. de l'acad. royale des inscr. et belles-lettres. Vol. XXIX, Paris 1764, pag. 177 bis 185), welche Arbeiten jedoch im allgemeinen als antiquiert zu betrachten sind. Die Hauptschrift über Posidonius erschien 1810: Posidonii Rhodii reliquiae doctrinae. Collegit et illustr. Janus Bake. Lugd. Bat. 1810. Der Verfasser gibt zuerst einen kurzen biographischen Abriss, dann ausführlicher eine Darlegung der Lehre des Posidonius und zuletzt eine Aufzählung der Schriften desselben. Das Buch hat eine günstige Beurteilung erfahren in der Jenaischen Literaturzeitung 1814, Supplem. Nro. 42. — Für uns kommt zunächst der erste Teil in Betracht (pag. 5—22: de vita et rebus Posidonii). — Was C. Müller in der Einleitung zur Sammlung der historischen und geographischen Fragmente des Posidonius gibt (fragmenta historicorum Graecorum, vol. III pag. 252 sqq.), wiederholt mit wenigen Ausnahmen die Ansichten Bakes. Von neueren Arbeiten gehören hieher zwei Dissertationen: P. Toepelmann: de Posidonio Rhodio rerum scriptore. Bonn 1867 und Scheppig: de Posidonio rerum gentium terrarum scriptore. Halis Sax. 1869. Ein kurzer Aufsatz von B. Sepp, wesentlich nach C. Müller, findet sich in den Blättern für das bayr. Gymn.-Schulwesen (18. Band 1882, pag. 397—399). — Über Panätius, mit dem sich diese Untersuchungen vielfach zu beschäftigen haben, ist immer noch das Hauptwerk die Monographie van Lynden's: Disputatio historico-critica de Panaetio Rhodio. Lugd. Bat. 1802. Die weitere einschlägige Literatur, soweit sie für die eine oder andere Frage in Betracht zu ziehen ist, wird betreffenden Orts angegeben werden.

---

[1]) In neuester Zeit hat Pulch (de Eudociae quod fertur violario. Dissert. Argentor. 1880) den Nachweis zu liefern gesucht, dass der Schreiber der älteren der beiden Pariser Handschriften, durch welche uns das Violarium überliefert ist, zugleich der Verfasser, d. h. Compilator des fälschlich (?) den Namen der Eudocia tragenden Werkes und letzteres nur ein Machwerk aus dem 16. Jahrh. sei. Dem ist Flach (l. c. proleg. pag. XXXI sqq.) mit, wie mir scheint, gewichtigen Gründen entgegengetreten.

I.

Die Vaterstadt des Stoikers Posidonius war Apamea in Syrien[1]). Darin stimmen alle Quellen überein. So sagt Strabo, XIV, 655, an welcher Stelle er unsern Gelehrten den berühmten Männern von Rhodus beizählt: ἦν δ' Ἀπαμεὺς ἐκ τῆς Συρίας und XVI, 751, woselbst von Apamea die Rede ist: ἐντεῦθεν δ' ἐστὶ Ποσειδώνιος ὁ στωικός. Athenäus ferner nennt den Posidonius an mehreren Stellen einen Apamenser (vgl. VI p. 252 c, V p. 211 d, VI p. 246 c, X p. 439 d). Demnach überliefert die pseudolucianische Schrift μακρόβιοι richtig: Ποσειδώνιος ὁ Ἀπαμεὺς τῆς Συρίας und ebenso Suidas: Ποσειδώνιος Ἀπαμεὺς ἐκ Συρίας. Da sich Posidonius später auf Rhodus bleibend niedergelassen, dort öffentlich als Lehrer und Staatsmann gewirkt, auch daselbst das Bürgerrecht erhalten hatte (vgl. Lucian l. c. νόμῳ δὲ Ῥόδιος), so wird er gewöhnlich „der Rhodier" zubenannt (Ποσειδ. ὁ Ἀπμεὺς, ὕστερον δὲ Ῥόδιος χρηματίσας Athen. VI pag. 252 c; Ποσειδ. Ἀπαμεὺς ἢ Ῥόδιος Suid.). An eine Verschiedenheit der Nachrichten, weil er bald der Apamenser, bald der Rhodier heisst, ist daher nicht zu denken. Werden ja viele Männer des Altertums sowohl nach ihrem Geburtsorte als nach der Stätte ihres Hauptaufenthaltes und ihrer Wirksamkeit näher bezeichnet, z. B. Apollonius, der Dichter der Argonautica, der ein Alexandriner war, aber fast durchweg den Beinamen „der Rhodier" führt[2]). Wenn wir daher im Violarium der Eudocia lesen: Πο-

---

[1]) Gemeint ist Apamea am Orontes, eine der vier grössten Städte der Landschaft Seleukis, wohl nicht erst gegründet, sondern nur erweitert und verschönert von Seleukus Nicator und benannt nach dessen Gemahlin Apama. Näheres über die Stadt Strabo XVI, 752, 753 und Posidonius selbst bei Strabo XVI, 749 = fragm. 59 bei Müller.

[2]) s. Strabo XIV, 655. Mehr Beispiele bei Sturz in seinen Programmen de nominibus Graecorum, Gera 1799—1801, grösstenteils nach Jonsius, de scriptor. hist. phil.

σειδώνιος Ἀπαμεὺς ἐκ Συρίας, κατὰ δέ τινας 'Ρόδιος, so beruht dieses κατὰ δέ τινας eben nur auf einem Missverständnis. Suidas fügt bei: ὃς ἐπεκλήθη ἀθλητής. Dieses Cognomen ist wenig ansprechend von Töpelmann gedeutet worden, welcher (pag. 20) die Ansicht aufstellt, es sei hier Strabo XIV, 655 missverstanden. Strabo ist von Suidas bez. seiner Quelle überhaupt kaum benützt, in unserm Artikel schon deswegen nicht, weil das von Strabo mehrmals citierte Werk περὶ ὠκεανοῦ irrigerweise dem Olbiopoliten zugewiesen und gezeigt ist, dass Suidas von der hohen Bedeutung unsers Stoikers für die Geographie nichts weiss. Es ist, wie schon erwähnt, einfach ausgeschrieben, was in der Epitome aus dem Onomatologos des Hesychius von Milet vorlag.

Nach meiner Ansicht war das ἀθλητής ursprünglich durch einen Genitiv oder überhaupt einen Zusatz näher bestimmt[1]). In dieser Weise wird ἀθλητής sehr häufig im übertragenen Sinne angewendet. Vgl. Demosth. contra Aristogit. or. I p. 799: ἐξ ὧν πάντες ἀθληταὶ τῶν καλῶν ἔργων ἐγένοντο; ähnl. Dio Chrysost. or. III p. 79 R: ἀθλητὰς καὶ ἀγωνιστὰς τῶν καλῶν ἔργων. Solon heisst bei Diod. Sic. Exc. aus lib. IX, 1: ἀθλητὴς πάσης ἀρετῆς, und Palamedes wird bei Philostratus (Her. p. 297 = pag. 154, 15 ed. Kayser) „der gerechteste Ringer nach Weisheit δικαιότατος ἀθλητὴς τῶν κατὰ σοφίαν πραγμάτων" genannt. — Ἀθλητὴς ist ursprünglich derjenige, welcher in den öffentlichen Spielen als Wettkämpfer in körperlicher Kraft und Geschicklichkeit auftrat; daraus entwickelte sich eine allgemeine Bedeutung, übertragen auf jedwede Tüchtigkeit, und ἀθλητής ist auch ein solcher, der in irgend einem Gebiete durch Anstrengung oder Übung ein Meister geworden (s. Schäfer not. ad Dionys. Hal. de compos. verb. pag. 415: ἀθλητής peritus multo usu rei alicuius dicitur). Vgl. Stellen wie Dion. Hal. jud. Isocr. c. 11: ἀθλητὴς τῆς παρασκευῆς; id. de compos. verb. p. 415 ed. Schäfer: ἀθλητὴς τῆς ἀληθινῆς λέξεως; id. ant. Rom. X c. 44: ἀθλητὴς πολέμων = peritissimus rei militaris; Liban. 4. p. 262, 16 ed. Jacobs: ἀθληταὶ τῆς πόλεως u. a.

---

[1]) Diesen Zusatz, etwa τῆς φιλοσοφίας oder τῶν κατὰ σοφίαν πραγμάτων u. dgl. hätte dann der Epitomator beim Zusammenziehen des Artikels weggelassen.

Wird also ἀθλητής im metaphorischen Sinne angewendet, so
sehe ich nicht ein, weshalb es auffallend erscheinen sollte, dass
dem Posidonius dieses ehrende Prädikat beigelegt wurde.
Hatte er es doch durch geistige Athletik soweit gebracht, dass er in
Bezug auf Vielseitigkeit und Gediegenheit des Wissens unter seinen
Zeitgenossen bedeutend hervorragte. Darüber sind die Stimmen
des Altertums einig, ja Strabo bezeichnet ihn mit anderen Worten
als ἀθλητής, wenn er in ihm einen Philosophen sieht, der fast
um den ersten Preis kämpft φιλόσοφος, σχεδὸν δέ τι καὶ
περὶ πρωτείων ἀγωνιζόμενος.[1]) Cicero rechnet ihn de nat.
deor. I, 3 geradezu zu den principes philosophiae und fragm.
p. 983 ed. Orelli nennt er ihn omnium maximum stoicorum. Vgl.
auch Seneca ep. 90, 20: Posidonius, ut mea fert opinio, ex his,
qui plurimum philosophiae contulerunt, und Philo Jud. de aetern.
mundi T. II p. 497 (ed. Mangay): Βόηθος καὶ Ποσειδώνιος
καὶ Παναίτιος, ἄνδρες ἐν τοῖς στωικοῖς δόγμασιν ἰσχυκότες; Galen. de
placit. Hippocr. et Plat. VIII, 319: Ποσειδώνιος ὁ ἐπιστημονικώ-
τατος τῶν στοικῶν διὰ τὸ γεγυμνάσθαι κατὰ γεωμετρίαν; Au-
gustin. de civ. dei V, 2 § 5: Posidonius magnus astrologus idem-
que philosophus. Die Vielseitigkeit hebt besonders Strabo hervor
XVI, 753: ἀνὴρ τῶν καθ᾽ ἡμᾶς φιλοσόφων πολυμαθέστατος.

II.

Über die Eltern des Posidonius ist nichts bekannt. Sein
Bildungsgang berechtigt jedoch zu der Annahme, dass sie den
höheren Ständen angehörten und die grossartigen Reisen, die er
nach Vollendung seiner Studien unternommen hat, lassen auf besonders günstige Vermögensverhältnisse schliessen.

Geburts- oder Todesjahr des Philosophen mit völliger Sicher-
heit anzugeben ist nicht leicht möglich, denn es fehlen bestimmte
chronologische Nachrichten. Den einzigen Anhaltspunkt bietet
die oben citierte Notiz aus den pseudolucianischen μακρόβιοι.
Allein diese Stelle verlangt, wenn man mit ihr operieren will,

---

[1]) II, 102.

einen Terminus sicher gestellt. Die gewöhnliche Annahme, Posidonius sei im J. 135 geboren, ist Bakes Erfindung und beruht auf der ganz grundlosen Vermutung, der Stoiker sei 51 v. Chr. gestorben. Wenn ich als Todesjahr etwa 46 ansetze, was ich unten zu begründen versuchen werde, so glaube ich damit wenigstens ein annähernd wahrscheinliches Resultat gewonnen zu haben. Darnach wäre Posidonius um 130 v. Chr. geboren. Aber zwei Stellen bei Athenäus scheinen dies zu widerlegen. Die eine steht im 12. Buche p. 549 e (= fragm. 11): Ποσειδώνιος ὁ στωικὸς συναποδημήσας Σκιπίωνι, τῷ Ἀφρικανῷ κληθέντι, εἰς Ἀλεξάνδρειαν.... γράφει ἐν ἑβδόμῃ τῶν ἱστοριῶν οὕτως κτλ, die andere im 14. Buche p. 657 f: λέγει γὰρ (scil. Στράβων) αὐτὸν ἐν τῇ ἑβδόμῃ τῆς αὐτῆς πραγματείας [1]) ἐγνωκέναι [2]) Ποσειδώνιον τὸν ἀπὸ τῆς στοᾶς φιλόσοφον, οὐ πολλάκις μεμνήμεθα συγγενομένου Σκιπίωνι τῷ τὴν Καρχηδόνα ἑλόντι. Darnach müsste also Posidonius viel früher geboren sein, denn die erwähnte Gesandtschaftsreise des Scipio Africanus zu Ptolemäus II. Euergetes fällt nach gewöhnlicher Annahme in das Jahr 143 v. Chr. (nach Müller zu Diod. Sic. Exc. de insid. c. 25 in d. J. 136 oder 135). Allein Begleiter des Scipio war nicht Posidonius, sondern Panätius, wie Posidonius selbst berichtet bei Plutarch (Moral. 777 A = fragm. 13). Ferner wissen wir dies bestimmt aus verschiedenen anderen Belegstellen (z. B. Plut. Moral. 201 A (apophth. reg. et duc.), Cic. Acad. II, 2). Trotzdem ist es dem Franc. Patricius eingefallen, zwei Posidonius aufzustellen, einen Begleiter des Scipio und unsern Apamenser, was Fabricius (bibl. Graec. vol. III p. 2 adn.) billigt. Aber diese Annahme steht im Widerspruch mit οὐ πολλάκις μεμνήμεθα (in der zweiten der augeführten Athenäus-Stellen), was sich nur auf den Apamenser beziehen kann, den Athenäus 52mal erwähnt, während er bloss ein einziges Mal (I p. 13b) gelegentlich von einem andern Posidonius, nämlich dem Korinthier und dessen ἁλιευτικά redet. An ein Versehen eines Abschreibers zu denken, verbietet die Wiederholung des gleichen

---

[1]) Aus einer der verloren gegangenen Partien des 7. Buches der Geographie.

[2]) Hierüber unten ausführlicher.

Irrtums an zweiter Stelle. Sonach bleibt nur übrig, den Athenäus wirklich eines Fehlers zu zeihen, der in Folge einer Nachlässigkeit beim flüchtigen Excerpieren entstanden sein mag, wohl in der Weise, dass Athenäus in seiner Quelle die Nachricht als von Posidonius überliefert fand (1. Stelle), sofort aber den Autor selbst und den, von welchem im Berichte die Rede war, d. i. Panätius, verwechselte, welchen Irrtum er dann auch in der 2. Stelle beibehielt, denn das συγγενομένου stand nicht bei Strabo, sondern ist Znthat des Athenäus.

Ehe ich diesen Abschnitt schliesse, möchte ich noch die Fragmente 11, 12 und 13, worin von jener Gesandtschaft die Rede ist, einer Besprechung unterwerfen. Ich gehe zunächst aus von einer Stelle bei Plutarch (Moral. 200 E und 201 A), die Müller unter fragm. 13 einreihte. Hier lesen wir:

Ἐκπεμφθέντα δ᾽αὐτὸν ὑπὸ τῆς βουλῆς τρίτον, ὥς φησι Κλειτόμαχος,

Ἀνθρώπων πόλεων (1. ὕβριν) τε καὶ εὐνομίην ἐφορῶντα, πόλεων, ἐθνῶν, βασιλέων, ἐπίσκοπον, ὡς εἰς Ἀλεξάνδρειαν ἦκε, καὶ τῆς νεὼς ἀποβάς, ἐβάδιζε . . . Τοῦ δὲ βασιλέως μόλις ἁμιλλωμένου βαδίζουσιν αὐτοῖς, δ᾽ἀργίαν καὶ τρυφὴν τοῦ σώματος, ὁ Σκιπίων ἀτρέμα πρὸς τὸν Παναίτιον ψιθυρίσας εἶπεν . . . 201 A: Συναπεδήμει δὲ αὐτῷ φίλος μὲν εἰς φιλόσοφος Παναίτιος, οἰκέται δὲ πέντε καὶ τοῦ ἑνὸς ἀποθανόντος ἐπὶ τῆς ξένης, ἄλλον μὴ βουλόμενος πρίασθαι, ἀπὸ τῆς Ῥώμης μετεπέμψατο.

Hiemit ist zu vergleichen Plut. Moral. p. 777 A (= fr. 13):

Καὶ Σκιπίων μετεπέμψατο Παναίτιον, ὅτε αὐτὸν ἡ σύγκλητος ἐξεπέμψεν

Ἀνθρώπων ὕβριν τε καὶ εὐνομίην ἐφορῶντα, ὥς φησι Ποσειδώνιος.

Mit Rücksicht auf diese Stelle billigt Bake p. 156 die Correktur van Lyndens (de Panaetio pag. 45), dass bei Plut. 200 E für Κλειτόμαχος zu lesen sei Ποσειδώνιος (übrigens hat dies schon Davies 1736 ausgesprochen zu Cic. Ac. II, 2, und Wyttenbach hat die Änderung in den Text seiner Ausgabe der Moralia aufgenommen). Dagegen bemerkt Müller (zu fr. 13 p. 256): Pro Κλειτόμαχος Lyndenus probante Bakio reponi iubet Ποσειδώνιος. Quae quidem correctio violentior est. E Posidonio narrationem petitam esse largior; probabile vero est versum istum esse Clitomachi (?!), quem ipse Posidonius laudaverit. Der Vers ist einfach aus Homer's Odyssee XVII, 487. Gerade Posidonius liebt es, Verse aus Homer, seiner Darstellung einzustreuen (vgl. fr. 68, 74, 85, 86, 89, 91, 94, 101). Doch prüfen wir die Sache genauer. Fragm. 11 (= Athen. XII p. 594 d) aus dem 7. Buche der ἱστορίαι des Posidonius stimmt sachlich zu Plut. Moral. 200 E; fragm., 12 (= Athen. VI 273 A) stimmt inhaltlich vollständig, mehrmals sogar wörtlich überein mit Plut. Mor. 201 A und zum Teil mit 777 A. Die beiden Fragmente aus Athenäus (11 und 12) gehören jedenfalls einem und demselben Buche an, nämlich dem 7. (s. fr. 11), woraus wohl auch fr. 13 = Plut. 777 A stammt. Man vergleiche ferner Justin XXXVIII, 8 (die Stelle ist bei Müller angegeben und stimmt auffällig zu Plut. 200 E und zu fragm. 11)[1]. — Dass alle angeführten Berichte auf eine und dieselbe Quelle zurückgehen, ist kaum zu bezweifeln, und Athenäus VI, 273 a möchte uns darauf führen: Die eigentliche Quelle ist wohl Polybius, der intime Freund des Scipio[2]) und in Folge dessen auch des Panätius. Aus ihm hat die Nachricht zunächst Posidonius, der ihn hiebei wohl erwähnte, daher bei Athenäus VI, 273 a (= fr. 12): ὡς ἱστορεῖ Πολύβιος καὶ Ποσειδώνιος.

Sollen wir nun nach diesen Erwägungen das Κλειτόμαχος in der Stelle Plutarchs als verschrieben betrachten für Ποσειδώνιος? Man wird zugeben, dass die Entstehung eines solchen Corruptels schwer zu erklären ist. Andernfalls ist wieder eigentümlich, dass Posidonius und Klitomachus in ihrem Berichte inhaltlich, zum Teil sogar wörtlich auffallend übereinstimmen, ja, dass beide einen und denselben Vers aus Homer genau an gleicher Stelle citieren. Klitomachus schrieb über philosophische Sekten und Schulen (Diog. Laert. II, 8, 8); er erwähnte dabei der Gesandtschaft des Diogenes und seines Lehrers Carneades nach Rom (Cic. Ac. II, 45); in

---

[1]) Vgl. noch Val. Max. IV, 3, 13. Aurel. Vict. de viris illustr. 50, 7, Diod. Sic. Exc. aus lib. XXXIII, 21 ed. Bekker.
[2]) s. z. B. Vell. Pat. I, 13, 3.

derselben Schrift war jedenfalls von Panätius und der von diesem reformierten Stoa die Rede. Warum sollte da nicht jener Reise mit Scipio gedacht sein? Dass aber Posidonius seinen Bericht aus Klitomachus geschöpft, ist nicht wahrscheinlich, beide aber reden von der gleichen Sache, fast mit den gleichen Worten; beide schöpften also aus gemeinsamer Quelle, aus Polybius.[1])

III.

Nachdem der junge Posidonius die nötige Vorbildung in seiner Vaterstadt oder in einer der benachbarten Schulen erhalten hatte, widmete er sich den höheren Studien und zwar unter Leitung des damals hoch gefeierten Stoikers Panätius [2]) (Cic. de off. III, 2; de div. I, 3, vgl. Suid. Διάδοχος γεγονὼς καὶ μαθητὴς Παναιτίου).
Wann Posidonius Schüler des Panätius wurde, ergibt sich aus folgenden Erwägungen. Der für die griechischen Jünglinge übliche Bildungsgang, die ἐγκύκλιος παιδεία, dauerte bis zum 16. oder 17. Lebensjahre. Hierauf genoss die wohlhabendere Jugend eine höhere geistige Ausbildung in rhetorischen und philosophischen Disciplinen. Zu solchem Zwecke begab sich denn auch unser Posidonius in seinem 16. oder 17. Lebensjahre, also etwa 114 an

---

[1]) Dass in der Stelle Moral. 200 E ὕβριν statt πόλεων zu lesen sei, halte ich nach diesen Frwägungen nicht für nötig. Warum sollte Clitomachus sich nicht diese leichte Änderung absichtlich erlaubt haben? Das folgende πόλεων, ἐθνῶν, βασιλέων möchte dies rechtfertigen. Corrigiert man Ποσειδώνιος für Κλειτόμαχος, dann ist die Änderung in ὕβριν mit Rücksicht auf Moral. 777 A allerdings geboten.

[2]) Suidas unterscheidet zwei Panaetius: Παναίτιος Ῥόδιος, ὁ πρεσβύτης, φιλόσοφος, οὗ πολὺς ἐν φιλοσόφοις λόγος u. Παναίτιος, ὁ νεώτερος, φιλόσοφος στωικός. Schon das οὗ πολὺς ἐν φιλοσόφοις λόγος, was doch nur von dem uns bekannten gesagt werden kann, beweist, dass ein älterer Philosoph dieses Namens von Suidas resp. dem Epitomator des Hesychius fingiert ist. Ausser von dem Rhodier wissen wir nur noch von einem Panätius, der allerdings den Beinamen „der Jüngere" führte, aber kein stoischer Philosoph war (Porphyr. Comment. in Ptol. Harm. p. 244, 267, 269).

eine der damaligen Hochschulen, wie sich zeigen wird, nach Athen, wurde hier der eifrigste Anhänger des Panätius und hatte wohl als Mitschüler einen Mnesarchus und andere der nachmals zu Ansehen gelangten Panätiasten (Athen. V, 186a). Ich komme nun zu der wichtigen Frage: Wo war Posidonius des Panätius Schüler? Dieser Punkt ist keineswegs so unbedeutend, als es auf den ersten Blick erscheinen möchte, denn es knüpft sich an seine Besprechung gar manches von Wichtigkeit, so dass eine etwas ausführliche Untersuchung entschuldbar sein dürfte.

Suidas (v. Παναίτιος ὁ νεώτερος) bemerkt, zu Athen sei Panätius gestorben. Man lässt nun gewöhnlich den Panätius seit etwa 129 bis zu seinem Tode in Athen als Lehrer der Stoa wirken, folglich muss Posidonius zu Athen ihn gehört haben. Recht einfach; aber ein Widerspruch ist vorerst zu beseitigen, denn, wenn Panätius bis zu seinem Tode in Athen lehrte, wie stimmt dann des Suidas Notiz: Ποσειδώνιος διάδοχος γεγονὼς Παναιτίου? So müsste ja Posidonius Nachfolger des Panätius in Athen gewesen sein, während wir doch wissen, dass hier Mnesarchus es war, und jener zu Rhodus lehrte. Auch da hat man sich leicht zu helfen gewusst. Man nahm an [1]), dass, nachdem Panätius etwa 129 Rom verlassen, um nach Athen sich zu begeben, vielleicht ein dazwischen liegender Aufenthalt in Rhodus anzusetzen sei. Auch Bake muss ein derartiger rhodischer Zwischenaufenthalt vorgeschwebt haben, denn er schreibt pag. 2: tandemque Rhodi scholam stoicam a Panaetio institutam.... suscepit und pag. 13: scholam stoicam a Panaetio Rhodi relictam suscepisse dicitur Posidonius, ut Suidas testatur. Das sagt aber Suidas nicht, er sagt bloss σχολὴν ἔσχεν ἐν Ῥόδῳ. Zu dem scholam a Panaetio institutam und relictam glaubte sich Bake berechtigt wegen des διάδοχος. Van Lynden (pag. 17) lässt die Frage unentschieden. Es handelt sich also zunächst darum, ob Panätius überhaupt je zu Rhodus als Lehrer gewirkt hat. Angenommen, Panätius habe vor seiner Thätigkeit in Athen zu Rhodus eine Stoa gestiftet (s. institutam, Bake l. c.), so ergeben sich zwei

---

[1]) So z. B. Westermann in Pauly's Real-Encyclopädie unter Panätius.

Möglichkeiten: Entweder hat Panätius die Leitung der von ihm gegründeten Stoa einem seiner Schüler übertragen, und dann wäre Posidonius eben διάδοχος des betreffenden Leiters, nicht des Panätius; oder auch, Panätius hat die rhodische Stoa verwaist gelassen. Wozu dann ihre Gründung? Hatte er selbst so wenig Freude an seiner eigenen Schöpfung, dass er alsbald sich fortmachte, um anderswo zu wirken, während damals zu Rhodus der Boden für eine Stoa zum mindesten nicht ungünstig war? — Entschieden ferner wird die Annahme von einer Lehrthätigkeit des Panätius auf Rhodus widerlegt durch eine Stelle aus Ciceros Tusculanen (V, 37), wo Panätius zu den Männern gerechnet wird, qui semel patria egressi nunquam domum reverterunt. Dass aber Panätius ein Rhodier war, ist ausdrücklich bezeugt (cf. z B. Strabo XIV, 655). Während also Panätius, der, wie wir wissen, zu Athen seine philos. Ausbildung erhielt, nie mehr nach Rhodus zurückkehrte, wäre Posidonius sein Nachfolger auf Rhodus. So entsteht denn die weitere Frage: Hat Cicero sich geirrt, oder ist das διάδοχος bei Suidas falsch? Bis auf Scheppig hat man es bei genannten Widersprüchen beruhen lassen, daher habe ich nur auf Scheppig's Erklärungen näher einzugehen. Dieser entscheidet sich dahin, Cicero habe geirrt, und Panätius habe nicht in Athen sondern auf Rhodus gelehrt (pag. 3). Und da nun einmal Scheppig dem Suidas so viel Gewicht beilegt, so kann er auch dessen Bemerkung, Panätius sei zu Athen gestorben, nicht zurückweisen und lässt daher (pag. 7 adn.) den Philosophen noch im hohen Greisenalter nach Athen sich begeben, nachdem Posidonius von seiner Reise zurückgekehrt war (nach Scheppig gegen 90 v. Chr.)[1]) und zu Rhodus dem Panätius als Scholarch der Stoa succedieren konnte. Es kommt nun darauf an, ob Scheppig's Gründe stark genug sind, das Zeugnis Ciceros zu entkräften.

Scheppig meint, dem Cicero sei ein lapsus memoriae begegnet, derselbe habe in dem Augenblicke, als er die betreffenden Worte niederschrieb, die Heimat des Panätius nicht im Gedächt-

---

[1]) Der Tod des Panätius muss früher angesetzt werden. Für Scheppig können natürlich die unten dafür angegebenen Gründe nicht maßgebend sein, da er den Philosophen zu Rhodus, nicht zu Athen lehren lässt.

nisse gehabt (pag. 3). Und wie kommt er zu dieser Vermutung? „Cicero in huiusmodi quaestionibus minimo fuit omnino eruditus, ita ut de ipsis Romanis in errores incideret." Das ist eine Beweismethode von ungemeiner Tragweite. Weil Cicero bisweilen in derlei Fragen (und die von Scheppig angeführten Beispiele gehören nicht einmal zu derlei Fragen) Fehler macht, darum sei ihm auch hier nicht beizupflichten, sei ihm nicht zu glauben lediglich deshalb, weil ein Jahrtausend später der Compilator Suidas διάδοχος schreibt? Mit wie viel grösserem Rechte könnte man auf dieselbe Weise das Gegenteil darthun! Doch untersuchen wir genauer, ob Suidas den Vorzug verdient oder Cicero. Ich sage Cicero verdient den Vorzug, denn gegen ihn lässt sich nichts weiter vorbringen, als die willkürliche Annahme, er habe augenblicklich das Vaterland des Panätius nicht im Gedächtnisse gehabt. Dann muss er an ein anderes gedacht haben, wenn er schreiben konnte: nunquam domum reverterunt. Er hätte also nur bei Panätius an ein falsches gedacht, während es doch bei den weiter angeführten Männern bezüglich der Heimat seine Richtigkeit hat? Dass Panätius aus Rhodus stammte, war allgemein bekannt, besonders unter den Römern, und was alle wussten, wusste doch auch Cicero, und er, der selbst zu Rhodus weilte, dort den bedeutendsten Schüler des Panätius hörte, ein Schüler also der Stoa, und zwar der rhodischen, im Sinne des Panätius wirkenden Stoa, sollte sich bezüglich der Heimat des berühmten Philosophen geirrt haben? Panätius hatte das meiste dazu beigetragen, den Stoicismus bei den Römern einzubürgern, er stand mit den angesehensten römischen Familien in Verbindung, er zählte hervorragende Römer zu seinen Schülern, darunter zum Teil Freunde des Cicero [1]), und letzterer sollte auch nur einen Augenblick über die Heimat einer so bekannten Persönlichkeit im Zweifel gewesen sein? Dazu kommt, dass Cicero mit einer gewissen Bedächtigkeit die Namen zusammengestellt hat (nicht oratoria dicendi copia usus, wie Scheppig pag. 3 meint); denn wenn man die von Heine (Jahrb. f. klass. Philol. 1863,

---

[1]) z. B. Rutilius Rufus, M. Vigellius (de orat. III, 21) und vor allem Posidonius selbst.

pag. 500) vorgeschlagene Umstellung der Namen als richtig annimmt, was ja kaum einem Zweifel unterliegen kann, so sind die Persönlichkeiten paarweise geordnet [1]), und schon aus dieser Ordnung sieht man, dass Cicero wohl überlegte, was er schrieb. — Ferner ist zu beachten, dass keine einzige Stelle aus irgend einer Schrift des Altertums aufzuweisen ist, die uns bezeugen würde, dass Panätius je zu Rhodus gelehrt oder dort eine Schule gestiftet, überhaupt je wieder zu Rhodus sich aufgehalten habe; ebenso lässt sich keine einzige Stelle, abgesehen von dem betr. Artikel des Suidas, beibringen, die uns den Posidonius als Nachfolger des Panätius im Scholarchentum bezeugte. Das διάδοχος bei Suidas ist also weit verdächtiger und lässt sich mit viel stärkeren Gründen anzweifeln als das Zeugnis Ciceros.

Man erwäge auch die Unwahrscheinlichkeit der Behauptung, Panätius habe zu Rhodus gewirkt, zuletzt aber als altersschwacher Greis noch nach Athen sich begeben. Und warum? Einfach deswegen, um dort zu sterben, weil Suidas berichtet ἐτελεύτησεν ἐν 'Αθήναις. Ein etwas eigensinniger Kopf, dieser Panätius, der bis ins höchste Alter in seiner Vaterstadt gewirkt, für dieselbe also besondere Vorliebe an den Tag gelegt hätte, schliesslich aber doch lieber in Athen begraben sein wollte.

Wenn ferner Scheppig zur weiteren Begründung Proclus ad Hesiod. Ἔργ. 707 (= p. 151 ed. Heins.)[2]) anführt, wo die Notiz sich findet, Panätius habe das ihm von den Athenern angebotene Bürgerrecht ausgeschlagen, und meint, das passe vortrefflich in seine Construction, weil Panätius als Greis allem politischen Leben fern bleiben wollte, so fürchte ich, dass diese Stelle eher gegen als für Scheppig sprechen möchte. Denn weshalb sollten die Athener zu dem Entschluss gekommen sein,

---

[1]) Zuerst zwei Vertreter der älteren Akademie, dann 2 der mittleren, hierauf die beiden Peripatetiker Aristoteles und Theophrastus, dann die beiden älteren Stoiker Zeno und Cleanthes und die Erneuerer der Stoa Chrysippus und Antipater, dann 2 Vertreter der neueren Akademie und endlich die bedeutendsten neueren Stoiker Panätius und Posidonius.

[2]) Καὶ ὀρθῶς ὁ Παναίτιος πολίτην αὐτὸν 'Αθηναίων ποιεῖσθαι σπευδόντων εἶπε, Τῷ σώφρονι μὲν μίαν πόλιν ἀρκεῖν. Übrigens folgte Panätius, indem er die ihm angebotene Ehre zurückwies, nur dem Beispiele eines Zeno Cleanthes und Chrysippus (s. Plut. de repugn. stoic. p. 1134 A).

den Panätius mit dem Bürgerrechte zu ehren? Etwa zum Danke dafür, dass er seine ganze Wirksamkeit Rhodus zugewendet, dann als Greis zu ihnen kam, daselbst sich allem politischen Leben fern halten und in stiller Zurückgezogenheit auf den Tod warten wollte? Nein, ich glaube deswegen haben ihn die Athener mit dem Bürgerrechte auszeichnen wollen, weil er eine Reihe von Jahren hindurch die Zierde ihrer Philosophenschule gewesen, weil er Athen zur zweiten Heimat sich gewählt, weil er durch seinen Verkehr mit hochgestellten Persönlichkeiten bedeutenden Einfluss entwickeln konnte.

Wenn schliesslich Scheppig noch meint: Quae cum ita sint, Panaetium Rhodi scholam habuisse et Posidonium docuisse existimo, quod etiam propter locorum conditiones multo verisimilius esse, nemo non vidit, qui e Syria venisse Posidonium reputaverit, so halte ich diesen für den schwächsten Grund, denn unter locorum conditiones versteht Scheppig jedenfalls die grössere Nähe zwischen Apamea und Rhodus, als zwischen Apamea und Athen. Ich bin nun der Ansicht, dass, wenn derlei Erwägungen für Posidonius massgebend gewesen wären, andere Studiensitze noch näher gelegen hätten, am allernächsten Antiochia in Syrien, das in wissenschaftlicher Beziehung bedeutenden Rufes sich erfreute (vgl. Cic. pro Archia 3, 4).

So sehen wir, dass die Gründe, die Scheppig für seine Behauptung anführt, durchaus nicht stichhaltig sind. Panätius ist also nach dem Zeugnisse Ciceros seit seiner Jugend nicht mehr nach Rhodus zurückgekehrt, hat dort weder eine Stoa gestiftet, noch ist er als Scholarch daselbst einer solchen vorgestanden, er hat also anderswo seine Lehrthätigkeit entfaltet und zwar zu Athen. Hiefür sprechen ausser den bereits angedeuteten noch weitere Gründe. Die Succession der stoischen Scholarchen in Athen erleidet nämlich eine Unterbrechung, wenn wir nicht auf Antipater dessen grössten Schüler Panätius folgen lassen; und wenn wir bedenken, dass des letzteren Schüler Mnesarchus Haupt der athen. Stoa ist [1]), so führt dieser Umstand wieder auf Panätius als auf dessen Vorgänger zurück, denn gerade in Athen

---

[1]) Cic. Ac. II, 22, 69.

sah man streng auf Succession im Scholarchentum, und nach Diog. Laert. IV, 8, 4 zu schliessen, ernannte der jeweilige σχόλαρχος bei seinem Tode oder durch Testament den Nachfolger, selbstverständlich aus dem Kreise seiner Schüler.

Also zu Athen hat Panätius gelehrt, zu Athen ist er gestorben und zu seinem Gedächtnisse bestand dort die Tischgesellschaft der Panätiasten fort (Athen. V, 286 a). Als Leiter der Stoa folgte ihm Mnesarchus, Posidonius aber stand später auf Rhodus einer Schule vor, konnte also nicht Successor des Panätius sein, weil letzterer nie mehr nach Rhodus zurückkehrte.

Was sollen wir nun von der Notiz bei Suidas halten διάδοχος γεγονώς καὶ μαθητὴς Παναιτίου? An ein Corruptel ist doch wohl nicht zu denken, aber soviel ist nach dem Gesagten sicher: διάδοχος im Sinne einer unmittelbaren Nachfolge im Lehramte ist falsch. Sollte man es vielleicht allgemeiner fassen dürfen, so dass es im Sinne eines Nachfolgers im Lehrsystem steht?[1]) Das liesse sich um so eher rechtfertigen, als es sich bei Posidonius nicht bloss um einen Lehrer der Stoa überhaupt handelt, sondern jener von Panätius reformierten, von dem bisherigen stricten Systeme abweichenden. Panätius und Posidonius ordnen sich ebensowenig in die alte wie in die neue Stoa ein, sie bilden eine in vieler Beziehung ausgeprägte Richtung für sich, deren charakteristischer Grundzug ein starkes Hinneigen zum Platonisieren ist, was nach ihnen wieder bedeutend abnimmt. Sie bilden also gewissermassen innerhalb des Stoicismus eine eigene Schule, die Panätius begründet, Posidonius ausgebaut hat. Letzterer war also nicht bloss φιλόσοφος στωικός, sondern als **Schüler des Panätius** blieb er auch stoischer Philosoph im Sinne seines Lehrers, und nicht bloss dies, er war und blieb der **Hauptvertreter** dieser Richtung. Wenn es sich also um das **System** handelt, so ist Posidonius der **eigentliche διάδοχος des Panätius.**

---

[1]) So heisst z. B. Domninus bei Marinus im Leben des Proclus (c. 26) beiläufig διάδοχος des Syrianos. Nun wissen wir aber, dass Proclus es war, denn er nennt sich selbst so bei demselben Autor c. 36. Aber beide konnten doch nicht zugleich διάδοχοι des S. sein. Es scheint daher, dass Marinus das Wort nicht im Sinne einer Vorsteherschaft der Schule gebraucht hat.

IV.

Wir haben also gesehen, dass Panätius zu Athen lehrte. Athen war und blieb noch immer der Hauptsitz der philosophischen Studien. Alle Richtungen waren hier vertreten und so begreift es sich, warum gerade nach Athen aus den damals bekannten Ländern, namentlich aus dem griechisch redenden Oriente die Jünglinge strömten, um philosophisches Wissen gleichsam an der Quelle zu schöpfen. So zog denn auch unser Posidonius dorthin und wurde Schüler des Panätius, dessen Name damals hochgefeiert war, der daher gewaltige Zugkraft ausübte. Hatte Panätius doch das Schroffe und Abstossende des stricten Stoicismus gemildert, seine krankhaften Auswüchse beseitigt und in dieser neuen gefälligeren Form ihm allenthalben Anklang verschafft (s. Cic. de fin. IV. 28).

Da Posidonius stets nur als Schüler des Panätius bezeichnet, als dessen vorzüglichster hervorgehoben wird, so ist anzunehmen, dass er nicht zu kurze Zeit des Unterrichts und Umgangs mit dem berühmten Philosophen sich erfreute. Das führt mich zu der Frage: Wie lange war Posidonius des Panätius Schüler? Damit steht in Verbindung eine Untersuchung über das Todesjahr des letzteren.

Seit van Lynden hat man sich daran gewöhnt, den Tod des Panätius in das Jahr 112 v. Chr. zu setzen. Die Beweisführung stützt sich auf eine Stelle bei Cicero (de or. I, 11), wo Crassus sagt: Audivi enim summos homines, cum quaestor ex Macedonia venissem Athenas... vigebat auditor Panaetii illius tui Mnesarchus. Weil also Mnesarchus nach diesem Zeugnisse damals den Lehrstuhl der athen. Stoa inne hatte, so schliesst man daraus, zur Zeit der Quästur des Crassus, resp. dessen Ankunft in Athen sei Panätius schon tot gewesen. Doch eine Frage hat man dabei umgangen, die vorerst gelöst werden muss, die Frage nämlich: Wenn auch Muesarchus zur Zeit des Aufenthaltes des Crassus in Athen der Stoa vorstand, zwingt das anzunehmen, Panätius sei schon tot gewesen? Konnte dieser nicht etwa der Lehrthätigkeit entsagt und, um in Ruhe den Rest seiner Tage zu verleben, den Mnesarchus zum Schulhaupt ernannt haben? Gegen eine solche

Ansicht spricht Diog. Laert. IV. 8, 60, wo wir lesen, der vierte Nachfolger Platons, Lakydes, sei der einzige je gewesen (μόνος ἀπ' αἰῶνος), der schon zu Lebzeiten die Leitung der Schule übergeben habe. Also in Athen war es durchweg Sitte, dass der Scholarch bis zu seinem Tode seines Amtes waltete. Auch dürfen wir nicht annehmen, Mnesarchus habe neben seinem Lehrer selbst eine Schule errichtet, denn abgesehen davon, dass dann Crassus gewiss des Panätius, als des Berühmteren, Erwähnung gethan hätte, wird es gewissermassen als etwas Auffallendes berichtet, dass Chrysippus noch bei Lebzeiten seines Lehrers eine eigene Schule zusammenzubringen suchte, was er aber bereute (Diog. Laert. VII. 7, 1).

Somit sind wir also berechtigt zu sagen, vor Mnesarchus' Lehrthätigkeit, also vor Ablauf der Quästurzeit des Crassus war Panätius bereits tot. Und nun frägt sich: Wann war Crassus Quästor?

Das Jahr 112, das lange Zeit hiefür angenommen wurde, ist von Pighius erfunden (Annal. Rom. tom. III. ad ann. a. u. 642) Pighius stützt sich auf Cic. Brut. c. 43, wo es von Scaevola heisst, er habe alle Magistraturen mit Crassus gemeinsam bekleidet, ausgenommen das Volkstribunat und die Censur. Also muss Crassus Quästor gewesen sein im nämlichen Jahre wie Scaevola. Richtig. Aber nun wissen wir ebensowenig die Zeit der Quästur des Scaevola, und was Pighius hiefür gibt, ruht ganz und gar nicht auf sicherer Grundlage[1]). Dem hat Clinton abzuhelfen gesucht (fasti Hellen. III. ad ann. 111), der als Jahr der Quästur des Crassus 109 festsetzt und dies damit begründet, dass Crassus (geb. 140 nach Cic. Brut. 43, 161) erst 109 im 31. Lebensjahre stand, welches Alter die lex Villia anualis für Bekleidung genannter Magistratur verlangt habe.

Nach Nipperdey's trefflichen Untersuchungen[2]) ist die Bestimmung der lex Villia die gewesen, dass der Eintritt in die

---

[1]) Auch Drumann vermag keinen Aufschluss über diese Frage zu geben, indem er im 4. B. der „Geschichte Roms" pag. 62 kurzweg sagt: „Die Quästur verwaltete Crassus in unbestimmter Zeit."

[2]) Die leges annales der röm. Republik. Abh. der k. sächs. Gesellsch. d. W. hist. phil. Kl. V. Band, p. 23.

höhere Amtscarriere mit dem 30. Lebensjahre oder auch vor diesem Alter nach zurückgelegten 10 Dienstjahren erfolgen konnte. Allein nach der Grachenzeit findet sich kein Beispiel mehr, dass jemand im ordentlichen Wege vor dem 30. Lebensjahre ein höheres Amt erlangt habe. Somit ist es auch wahrscheinlich, dass Crassus nicht vor 110 die Quästur bekleidete. Aber damit ist noch nicht dargethan, ob wirklich in diesem Jahre und nicht etwa später. Wir werden annehmen müssen, dass eine so vornehme Persönlichkeit wie Crassus gewiss, sobald es ihm möglich war, die höhere politische Laufbahn zu betreten strebte. Dazu erwäge man noch folgende Gesichtspunkte: Gewöhnlich bewarb man sich um das Volkstribunat vor oder nach der Aedilität, also nach der Quästur; nun war Crassus Volkstribun i. J. 107, nämlich ein Jahr vor dem Tribunate des Scaevola (Cic. Brut. 43). Dieser aber verwaltete genannte Magistratur 106, wie aus Cic. ibid. zu entnehmen ist. 108 dürfen wir als Zeit der Quästur des Crassus nicht ansetzen, da er am 10. Dezember, dem Tage des Amtsantrittes der Tribunen, noch nicht hätte in Rom sein können. Es bleibt uns also nur das Jahr 109 resp. 110. Es musste also Panätius vor Ablauf dieses Jahres gestorben sein.

Viel früher aber als 110 dürfen wir den Tod des Philosophen nicht herabrücken, da er nach Cicero off. III, 21 nach Abfassung seines Werkes περὶ τοῦ καθήκοντος, was doch auch ein reiferes Alter voraussetzt, noch 30 Jahre gelebt hat, und da sonst Posidonius zu kurze Zeit sein Schüler gewesen wäre. Ist also Panätius um 110 gestorben, so konnte Posidonius etwa 3 Jahre hindurch dessen Unterricht und Umgang geniessen.

V.

Nach seiner Ausbildung resp. dem Tode des Panätius kehrt Posidonius nicht mehr in seine Heimat zurück (Cic. Tusc. V, 37). Nun wissen wir, dass er zum Zwecke geographischer, physikalischer und ethnographischer Studien wichtige und grossartige Reisen unternommen hat (Cic. l. c., Vitr. de arch. VIII, 4); sicher bezeugt ist vor allem (vgl. z. B. fr. 97), dass er die westlichen

Länder Europas besuchte. Wollen wir daher zunächst die Frage erörtern, in welche Zeit diese occidentale Reise möglicherweise fallen kann.

Nach Bake (p. 10) hat Posidonius dieselbe gleich nach dem Tode seines Lehrers oder doch nicht lange darauf angetreten. Aber damals konnte es wegen der cimbrisch-teutonischen Unruhen, die Italien und den Westen in Schrecken hielten, unmöglich geraten erscheinen, wissenschaftliche Reisen eben in solche Gegenden zu unternehmen, die den Einfällen jener Stämme ausgesetzt waren. Das fühlte Bake selbst, daher er dem Philosophen eine ganz unverständliche Route vorschreibt, auch die Dauer über Gebühr ausdehnt, bis er (p. 12) endlich einen Zeitpunkt, das Jahr 104, gefunden zu haben glaubt, der für einen Aufenthalt des Posidonius in der Narbonensis günstig gewesen wäre. Jedoch auch in diesem Jahre schwebte die Provinz in ständiger Gefahr; daher die Rührigkeit des Marius, daher der Umstand, dass er nicht wagte Gallien zu verlassen und abwesend zum Consul gewählt wurde. — C. Müller (a. a. O. p. 246) wiederholt Bake's Ausführungen bezüglich der Zeit und Route, mahnt aber in der Note: Haec itinera, num recte in hanc Posidonii vitae partem transtulerit Bakius, in dubium vocaveris. Er meint dann, Posidonius sei viel später, erst als er sich der Gunst vornehmer Römer erfreute, zu jener Reise bewogen werden.[1])

---

[1]) Auf diese Note und die Notiz bei Suidas, Posidonius sei anno 51 in Rom gewesen, sich stützend, setzt B. Sepp (Bl. f. b. G. W. 18. Bd. p. 399) die Reise in das Jahr 50. Er glaubt sich hiezu um so mehr berechtigt, als er an der von Müller aufgestellten Ansicht, der Stoiker sei 44 noch am Leben gewesen, festhält. Allein, abgesehen davon, ob letztere richtig ist (worüber ausführlicher unten), bliebe es höchst unwahrscheinlich, dass sich Posidonius in seinem 78. Lebensjahre den Beschwerden einer solchen Reise unterzogen hätte. Es müsste ferner das geographische und historische Werk (Sepp hält beide für identisch, worüber zu sprechen hier nicht der Platz ist, zumal dieser Punkt mit ein paar Worten, wie bei Sepp, nicht erledigt werden kann) erst nach 50 geschrieben sein. Nun umfassten aber die ἱστορίαι wenigstens 52 Bücher (vgl. Suid. v. Ποσειδ. Ἀλεξ.), und Athenäus (IV, 168 d) citiert bereits aus dem 49. Dazu kommt eine vita Pompeii, nach Müller eine Fortsetzung des Geschichtswerkes bis zum Tode Cäsars. [Sepp (Wanderungen der Cimb. und Teutonen, Münch. 1882, p. 81, A. 22) meint, dazu habe sich bei Schilderung der Länder des Pontus und Kau-

Suchen wir vorerst irgend einen Terminus zu gewinnen, von dem aus es möglich wird, die Zeit genauer zu bestimmen. Scheppig hat (pag. 5) auf fr. 68 hingewiesen, und zwar mit Recht. Da er es aber unterlassen, näher darauf einzugehen, so nehme ich hier Veranlassung, dasselbe soweit als nötig, zu besprechen. Fragment 68 (= Strab. II. 99 und 100) enthält den bekannten Bericht von Eudoxus aus Cyzikus und dessen Versuch einer Umschiffung Afrikas. Betrachten wir diese Erzählung, so fällt in die Augen, dass gegenüber der gleichen Nachricht des Cornelius Nepos (bei Mela III. 9, 3, p. 83 ed. Parthey, Plin. n. h. II. 169 und Marc. Capella VI. 201 G ed. Eyssenhardt) eine bessere und genauer informierte Quelle vorliegt.

Posidonius berichtet die Einzelnheiten jener Vorgänge so ausführlich, dass er sie offenbar von den Gaditanern selbst gehört hat. Man beachte insbesondere die Schlussworte: Ἐγὼ μὲν οὖν, φησί (sicl. Ποσειδ.), μέχρι [δεῦρο] τῆς περὶ τὸν Εὔδοξον ἱστορίας ἧκω . τί δ' ὕστερον συνέβη τοὺς ἐκ Γαδείρων καὶ τῆς Ἰβηρίας

---

kasus Gelegenheit genug geboten. Allein dann würde Strabo (XI, 492) kaum ausdrücklich bemerken: ποστίθει δὲ τούτοις, ὅτι καὶ τὴν ἱστορίαν συνέγραψε τὴν περὶ αὐτόν (scil. Πομπήιον)]. Man sieht also, eine gewaltige Arbeit für einen fast 80jährigen Greis, der nur mehr 4 bis 5 Jahre gelebt hätte. Aber noch gar manches physikalische und naturwissenschaftliche Werk, worin er Kenntnisse verwertete, die er auf jener Reise gewonnen, könnten wir erst in die letzte Periode seines Lebens, also in die Zeit 49—44 verlegen, so sicherlich die Schrift περὶ μετεώρων (s. u.), aus welcher Diog. Laert. (VII, 144) ein 17. Buch citiert, und wohl auch φυσικὸς λόγος, wovon derselbe Autor (IV, 140) ein 15. B. erwähnt. — Man beachte ferner, was Posidonius in fr. 26 von den Galliern als selbst gesehen berichtet. Dergleichen Grausamkeiten durften im J. 50, als eben das Land durch Cäsar völlig unterworfen war, nicht mehr vorkommen, zumal Strabo, der uns das Fragment aufbewahrt hat, versichert, die Römer hätten diesen und anderen Gebräuchen ein Ende gemacht Es liessen sich noch weitere Gründe, die gegen eine so späte Datierung sprechen, vorbringen, allein ich halte es für unnötig. Verlegt man die Reise in die Zeit zwischen 99 und 91, so hebt sich auch das Bedenken, dass die Bürgerkriege in Italien und Spanien, die Piratenherrschaft etc. etc. dem Unternehmen nicht günstig gewesen seien; denn diese Jahre waren im allgemeinen ruhig, wenn man von den kleinen Kämpfen mit den Celtiberen absieht, die für den Aufenthalt des Posidonius in Gades nicht von Belang sein konnten, und von der Zeit 95—93 sagt Julius Obsequens c. 110 und 112: pax domi forisque.

εἰκὸς εἰδέναι. Posidonius aber hielt sich selbst 30 Tage lang in Gades auf (s. u.); er hatte also noch nichts erfahren können darüber, ob Eudoxus seine Umschiffung wirklich vollendet oder nicht, er hatte nur erfahren, was er uns über den ersten Versuch und die Rückkehr nach Gades, sowie über die zweite Abfahrt erzählt. Daraus folgt, dass Posidonius nicht gar lange nach der letzteren in Iberien sich aufgehalten hat. Wäre er viel später in Gades gewesen, so konnte er doch nicht sagen: τί δ' ὕστερον (i. e. nach der 2. Abfahrt) συνέβη τοὺς ἐκ Γαδείρων καὶ τῆς Ἰβηρίας εἰκὸς εἰδέναι. Soviel hätte er dann wenigstens erfahren, dass Eudoxus mit oder ohne Erfolg zurückgekehrt sei, oder als verschollen betrachtet werde. Nun frägt es sich, ob wir das Datum jener zweiten Abfahrt annähernd bestimmen können.

Die letzte Rückkehr des Eudoxus nach Aegypten οὐκέτι Κλεοπάτρας ἡγουμένης ἀλλὰ τοῦ παιδός setzte Letronne (Recueil des inscr. Grecques de l'Égypte, I. p. 58 ff.) in das Jahr 114 v. Chr. Genauer hat C. Müller (Geogr. Graeci min. I. p. LVI) die Zeit bestimmt, welcher auf das Jahr 111 kommt. Und nun überlege man die Sachlage. Eudoxus kehrte zuerst aus Aegypten nach Cyzikus zurück; er machte all seine Habe zu Geld, setzte Schiffe in stand, kurz beschäftigte sich mit den Vorbereitungen zur Ausführung seines Planes, so dass im ganzen geraume Zeit verfliessen mochte, bis er zu einem solchen Unternehmen vollständig gerüstet war. Und wenn wir den Bericht des Nepos bei Mela 1. c. heranziehen: Eudoxus quidam avorum nostrorum temporibus, cum Lathyrum regem profugeret etc., so wäre 107 die äusserste Grenze zum Aufbruch von Cyzikus weg, denn Lathyrus regierte erst wieder 89—81.

Dann fuhr Eudoxus nach Unteritalien, hierauf nach Massilia, endlich die Küste entlang nach Gades, und überall weilte er längere Zeit, um Erkundigungen einzuziehen, Beiträge zu sammeln etc. In Gades selbst war sein Aufenthalt von ziemlicher Dauer, er suchte Theilnehmer zu gewinnen, liess ein grosses und zwei kleine Schiffe bauen, und erst nach manchen zeitraubenden Vorkehrungen unternahm er seine erste Fahrt, von der er nach längerem Ausbleiben und mannigfachen Abenteuern nach Iberien zurückkehrte. Noch umfassender waren jetzt seine Vorbereitungen zur zweiten Fahrt, bis er endlich aufs neue absegeln konnte. Hier bricht Posidonius ab und erklärt, das Weitere müssten die Gaditaner und Iberer wissen.

Alles in allem erwogen wird man diese zweite Abfahrt des Eudoxus von Gades weg ziemlich nahe an das Ende des Jahres 100 zu rücken haben, und nach derselben und ehe man noch von den weiteren Schicksalen des Eudoxus Näheres erfahren konnte, muss Posidonius in Spanien gewesen sein.[1]) Damit stimmt, dass, wie schon erwähnt, die cimbrisch-teutonischen Unruhen einem früheren Aufenthalte gerade am Sitz des Krieges (Oberitalien und Narbonensis) hindernd im Wege standen.

Beachten wir ferner, dass Posidonius 88 oder doch wenigstens 87 zu Rhodus die erste Staatswürde bekleidete (s. u.), dass er 86 in rhodischen Angelegenheiten nach Rom als Gesandter abgeordnet wurde, also damals schon hoch angesehen und geehrt war, selbstverständlich auch das Bürgerrecht besass, so setzt dies voraus, dass er bereits seit längerer Zeit in Rhodus gewirkt hat, und

---

[1]) Es entsteht hier die Frage: Ist die Eudoxus-Geschichte nicht überhaupt ein Märchen, da Strabo sie angezweifelt? Strabo sagt (l. c. p. 100): θαυμαστὸς δὴ κατὰ πάντα ἐστὶν ὁ Ποσειδώνιος, ... τὸ Βεργαῖον διήγημα τοῦτο ἐν πίστεως μέρει τιθείς, εἶθ᾽, ὅπ᾽ αὐτοῦ πεπλασμένον εἴτ᾽ ἄλλων πλασάντων πιστευθέν. Die Geschichte als von Posidonius erdichtet zu erklären, hiesse denn doch zu niedrig von unserm Stoiker denken, dessen Glaubwürdigkeit gerade Strabo mehrmals (z. B. fragm. 27) ausdrücklich hervorhebt. Anzunehmen, andere, in diesem Fall also die Gaditaner, hätten dem Posidonius die Erzählung aufgebunden, ist äusserst unwahrscheinlich. Wozu dann eine so detaillierte Auseinandersetzung? Warum sollten die Gaditaner gerade einen Cyzikener und nicht einen ihrer Landsleute zum Helden der Geschichte gemacht haben? Uebrigens war Posidonius durchaus nicht so leichtgläubiger Natur, wie aus manchen Fragmenten deutlich hervorgeht. Und eben in fr. 68 hält er die Berichte über Umschiffungen Libyens bei Herodot und Heraclides für unbegründet, während er gegen die Geschichte des Eudoxus nicht den geringsten Zweifel hegt. Kann man auch die Erzählung lesen, ohne in Eudoxus einen ebenso aufgeklärten als mutigen Mann zu bewundern, der an einem grossen Gedanken unerschütterlich festhält? Manche Zuthaten und Unrichtigkeiten mögen in den Details vorkommen, der Kern des Ganzen aber trägt das Gepräge der Wahrheit. Dem Strabo freilich in seiner Zweifelsucht ist ja auch Pytheas ein perfekter Lügner, wiewohl diese Zweifelsucht gerade gegen Pytheas ihm mehrmals böse Rache spielt. Schliesslich sieht Strabo selber ein, dass in der Sache nichts Unmögliches liegt, er

wir sehen uns gezwungen, den Terminus ante für die Reise ziemlich weit vor das Jahr 90 zu legen. Im allgemeinen kann man daher sagen: Die Reise des Posidonius in die westlichen Länder Europas fällt in die Zeit zwischen 100 und etwa 95 v. Chr. Sollte mir eine Vermutung gestattet sein? Athenäus IV, 153c = fr. 1 beschreibt das Mahl, wie es zu Rom nach einem Triumphe im Herkulestempel dem Senate gegeben zu werden pflegte. Es muss auffallen, dass diese Sache mit solcher ins Detail gehenden Auseinandersetzung erwähnt wird, dass sogar die einzelnen Speisen wie sie zubereitet waren und aufgetischt wurden, angeführt erscheinen. Bei Berücksichtigung so kleinlicher Dinge ist doch wohl Autopsie anzunehmen. Nun weilte Posidonius 86 und 51 zu Rom, allein in den actis triumphalibus sind für diese Jahre keine Triumphe verzeichnet. Sollte er nicht zur Zeit seiner grossen westlichen Reise, in welche ja ein längerer Aufenthalt zu Rom fällt, derlei Feierlichkeiten gesehen haben? Dann kämen wir auf den Januar des Jahres 98, als L. Corn. Dolabella über Lusitanien triumphierte[2]).

Es ist wohl hier die Frage nicht unberechtigt, was Posidonius in der Zeit nach seiner Ausbildung bis zum Antritt genannter

---

muss (II. 102) gestehen: ἔσχατον γὰρ τοιούτων οὐκ ἀδύνατον μέν, ἀλλὰ χαλεπὸν καὶ σπανίως γινόμενον μετὰ τύχης τινος, gewiss ein recht schwaches Endurteil. Uebrigens steht Eudoxus mit seinem Unternehmen nicht allein da. Wurde ja doch die Westküste Afrikas nach Hanno von dem Massilioten Euthymenes, einem Zeitgenossen des Pytheas, angeblich bis zum Senegal besucht (s. Vivien de St. Martin, hist. de la Géogr. Paris 1873, p. 108). Vgl. auch Humbold, Kosmos II. 407 f. Schliesslich fasse man noch die aus Nepos citierte Stelle ins Auge. Nepos lässt den Eudoxus um dieselbe Zeit, die wir oben gefunden haben, die Fahrt von Osten her unternehmen; ihm liegt also nicht Posidonius zu grunde, sondern beide schöpften aus allgemein Bekanntem, worüber aber Posidonius während seines Aufenthaltes in Gades und Aegypten (s. u.) nähere Details einziehen konnte.

[1]) .... Διονυχοεῖται μὲν γὰρ οἰνόμελι, τὰ δὲ βρώματα ἄρτοι μεγάλοι καὶ καπνιστὰ ἐφθὰ κρέα καὶ τῶν προσφάτως καθιερωθέντων ὀπτὰ διαψιλῆ.

[2]) In der Zeit zwischen 100 und 93 ist in den Triumphalakten ein weiterer Triumph nicht angegeben.

Reise gethan. Zeller[1]) meint, er habe schon bald nach Panätius'
Tode als Lehrer sich niedergelassen. Allein Posidonius war damals für das Amt eines Scholarchen viel zu jung,[2]) wozu kommt, dass er die rhodische Stoa erst gründen musste (s. u.). Da wäre es doch höchst unwahrscheinlich, dass er eine eben erst gestiftete und im Wachsen begriffene Schule schon nach wenigen Jahren verwaist gelassen oder der interimistischen Leitung eines andern übergeben hätte.

Als Lehrer war Posidonius also noch nicht thätig, eine Weiterbildung an einem anderen Studienort ist nicht anzunehmen, •da er am Hauptsitz der philosophischen Wissenschaften sich aufhielt, in seine Heimat ist er nicht zurückgekehrt, es bleibt also nur übrig, dass er entweder in Athen geblieben oder auf Reisen seine Zeit zugebracht hat. Wir werden beides zu verbinden haben. Posidonius weilte noch einige Jahre in Athen, zur Tischgesellschaft der Panätiasten gehörig, die dort zum Andenken des berühmten Mannes fortbestand (Athen. V, 186 a). Möglicherweise war er bereits schriftstellerisch thätig. Während dieses Aufenthaltes sah er sich ohne Zweifel in Griechenland um, auch wird er schon grössere Reisen unternommen haben, und es ist kaum glaublich, dass er nach dem für die damalige griechische Welt entfernten Westen sich begab, ohne vorher die berühmteren Culturstätten des Ostens kennen gelernt zu haben. Wir hätten eben in Posidonius einen Mann zu bewundern, der dem Beispiele so vieler Gelehrten folgte, welche, ehe sie öffentlich zu wirken sich entschlossen, der Forschungstrieb und der Wunsch ihre Kenntnisse zu erweitern, in fremde Länder führte.

Er hat wohl zunächt auf den wichtigeren Inseln des östlichen Mittelmeeres sich umgesehen[3]) und wird bei solcher Gelegenheit auch nach Rhodus gekommen sein, der Heimat seines geliebten Lehrers. Und hier, wo gerade damals Kunst und Wissenschaft zu herrlicher Blüte sich entfaltet hatten, wo die Rhetorenschule

---

[1]) Die Philosophie der Griechen III, 1 p. 511 A. 1. Ich citiere nach der 2. Auflage, da mir die neueste (3.) nicht zu gebote stand.

[2]) Das war vielleicht auch der Grund, weshalb nicht er, sondern der unbedeutendere, aber ältere Mnesarchus die Leitung der athen. Schule überkam.

[3]) Auf einen Besuch Cyperns dürfte vielleicht fr. 51 deuten.

hohes Ansehens sich erfreute, wo, wie er erkennen musste, ein Lehrer der Philosophie rege Wirksamkeit bethätigen konnte, hier mochte er zu dem Entschlusse gekommen sein, für künftighin sich niederzulassen. Kaum wäre es ja denkbar, dass Posidonius, ehe er noch Rhodus gesehen, ehe er die dortigen Verhältnisse kennen gelernt, es aufs Geradewohl nach seiner Rückkehr zum dauernden Wohnsitz gewählt hätte; nein, dieser Entschluss muss wohl schon vorher bei ihm fest gestanden haben, und umgekehrt werden wir sagen: Weil eben Posidonius nach seinen Reisen auf Rhodus sich niederliess, so hat er schon früher dort sich umgesehen. — Ferner ist kaum zu bezweifeln, dass er Alexandrien, überhaupt Ägypten besuchte. War ja dieses Land das Ziel der meisten Reisenden, und von Rhodus aus lag es ihm so nahe. Wenn wir auch direkt es nicht erweisen können, so deuten doch manche Spuren auf ein Verweilen dortselbst. Posidonius ist über ägyptische Verhältnisse gut unterrichtet; man erinnere sich auch an die Erlebnisse des Eudoxus in Ägypten, die in fr. 68 so eingehend geschildert sind, dass Posidonius die genauere Kenntniss davon wohl nur in Ägypten selbst einziehen konnte, zumal er nach unsern Ausführungen nur wenig später als Eudoxus dort gewesen wäre.[1])

VI.

Nun zur Reise selbst. Die meisten darauf bezüglichen Fragmente sind uns durch Strabo aufbewahrt, und betreffen Spanien und Gallien. Hören wir kurz, wo Posidonius überall sich aufgehalten hat, und was er uns aus Autopsie oder persönlicher Information berichtet. Ich werde dabei die Gelegenheit nicht vorübergehen lassen, da und dort die eine oder andere Bemerkung anzuknüpfen.

---

[1]) Damit ist durchaus nicht ausgeschlossen, dass er dieses Land später wiederholt besucht hat, nachdem er bereits auf Rhodus sich eingebürgert.

[**Posidonius in Spanien.**] Der angesehenste und gebildetste Stamm unter den Iberern war der der Turdetaner (Strab. III, 139); in seinem Gebiete wuchs und gedieh alles, was Spanien reich und anmutig machte, und dieser Reichtum hatte die Bevölkerung schon früh an eine behagliche Lebensweise gewöhnt, hatte jenen sanften, geselligen Charakter zur Folge (Strab. III, 151), der den Verkehr mit Fremden so sehr erleichterte. Und nachdem Spanien römische Provinz geworden, da war es gerade diese Völkerschaft, bei der die Romanisierung rasche Fortschritte machte (Strab. III, 151). Reisen in jene Gegenden und ein längerer Aufenthalt dortselbst gehörten von nun an nicht mehr zu den Seltenheiten, zumal der Schiffsverkehr zwischen Turdetanien und Italien ein äusserst reger war (Strab. III, 144, 145), ja gerade Gades blieb noch bis in die Kaiserzeit hinein ein vielbesuchtes Reiseziel.

Posidonius weilte in dieser Stadt längere Zeit. Er wollte hauptsächlich die fabelhaften Nachrichten über den Sonnenuntergang in den westlichen Gegenden am Meere prüfen, sowie über Ebbe und Flut genaue Beobachtungen anstellen (Strb. III, 138, 174 ff.).

Über die Sonne, ihre Natur, Grösse, Gestalt etc. handelte Posidonius ausführlich in seinem Werke περὶ μετεώρων, teilweise auch in dem Buche φυσικὸς λόγος (vgl. z. B. Diog. Laert. VII, 144; s. Bake p. 65 sqq.). Ersteres ist die Hauptquelle für Cleomedes (Κυκλικὴ θεωρία μετεώρων), wie aus sachlicher Übereinstimmung vieler Stellen mit anderweitig überlieferten Fragmenten, aus Vergleichung mit Geminus[1]) und ganz besonders aus den Schlussworten des 1. und 2. Buches hervorgeht.

In dem bei Strabo aufbewahrten Fragmente aus dem geogr. Werke tritt Posidonius hauptsächlich gegen Ansichten des Artemidorus auf. Es sei nämlich, sagt er, die Behauptung vieler (darunter war Artemidorus), dass an den Küsten des Oceans die

---

[1]) s. Blass, de Gemino et Posidonio. Kiel 1883.

Sonne grösser¹) und mit einem gewissen Geräusche untergehe²); falsch sei auch, dass dort unmittelbar nach dem Untergange der Sonne die Nacht folge³). Er selbst habe während eines 30tägigen Aufenthaltes in Gades den Untergang der Sonne genau beobachtet (τριάκονθ' ἡμέρας διατρίψας ἐν Γαδείροις.... fragm. 97 = Strab. III, 128).

Seit man mit dem Ocean bekannter geworden, fesselte das grossartige Naturphänomen von Ebbe und Flut dauernd die Aufmerksamkeit (Mela III, 1), und noch in späterer Zeit begaben sich Griechen und Römer nach Gades oder an die Westküste Galliens, um dasselbe zu beobachten⁴). Verschiedene Hypothesen wurden zur Erklärung aufgestellt, während der grosse Haufe diese Erscheinung für etwas Wunderbares hielt⁵). Viele haben darüber geschrieben, aber Strabo erklärt ganz besonders die Werke des Posidonius und Athenodorus für genügend⁶). Und welche Aufmerksamkeit unser Stoiker der Sache gewidmet, und wie ausführlich er darüber gehandelt, geht aus fr. 93 und 95 hervor.

Über Posidonius' Ansichten referiert Strabo III, 173 sq. (= fr. 95). In der Hauptsache stimmen damit überein Plin. n. h. II, 212 (der nach dem Quellenverzeichnisse den Posidonius in diesem Buche benützte), Solin. c. 23, Etym. magn. pag. 86 ed. Sylb. (v. ἄμπωτις). Ausser der täglichen Ebbe und Flut, bedingt von dem täglichen Laufe des Mondes, unterschied Posidonius noch eine

---

¹) Wie es komme, dass die Sonne beim Untergang grösser erscheine, erklärte sich Posidonius als eine Folge der Strahlenbrechung. Aus dem Meere steige nämlich eine grössere Menge von Dünsten empor, und durch diese, wie durch Röhren gebrochen, empfange das Gesicht ein Bild von erweitertem Umfange (s. fr. 97; ausführlicher Cleomedes l. c. II, 427 f.).

²) s. Cleom. II, 471, wo die Sache ein μυθάριον γραῶδες genannt wird, erfunden von den Iberern.

³) s. Diod. Sic. III, 48. Philostr. Ap. Tyan. V, 3.

⁴) So lässt Philostratus seinen Apollonius v. Tyana zu gleichem Zwecke nach Gades reisen (Ap. Tyan. IV, 47).

⁵) Pelagi labores, Sil. It. III, 58, 59, ähnlich wie lunae labores (s. Virg. Georg. II, 478). Ovid. Am. II, 5, 57. Juven. Sat. VI, 443, siderum labores Plin. II, § 55.

⁶) I, 6; I, 117.

monatliche, die mit den Phasen des Mondes, und eine jährliche, die mit den Sonnenwenden zusammenhänge. Letztere Bewegung habe er von den Gaditanern kennen gelernt (πυθέσθαι), welche sagen, dass zur Zeit des Sommersolstitiums Ebbe und Flut am stärksten seien [1]). Er selber jedoch sei zur Zeit der Sommersonnenwende beim Vollmond im Herkulestempel zu Gades gewesen (αὐτὸς δὲ κατὰ τοὺς θερινὰς τρόπας περὶ τὴν πανσέληνον φησὶ ἐν τῷ Ἡρακλείῳ γενόμενος τῷ ἐν Γαδείροις κτλ Strab. 174), habe aber die jährliche Bewegung nicht wahrnehmen können, dagegen beim Neumond desselben Monats habe er bei Ilipa eine grosse Veränderung beobachtet, indem der Fluss Bätis sehr zurückgedrängt wurde im Vergleich zu seinem vorigen Stand [2]).

Wir entnehmen aus dem Gesagten, dass Posidonius zu Gades im Juni weilte, sich 30 Tage lang dort aufhielt und während dieser Zeit zum Zwecke wissenschaftlicher Forschung auch grössere Ausflüge unternahm, zunächst den Bätis aufwärts über Hispalis hinauf bis Ilipa.

Es mögen nun einige weitere Fragmente kurz besprochen werden, in denen uns Berichte des Posidonius vorliegen, die sich auf Gades beziehen.

Was Strabo III, 172 (= fr. 97) über die Quellen im Herkulestempel aus Posidonius überliefert, dürfte zugleich eine kleine Illustration bilden zu Vitr. VIII, 3, 27, wo Posidonius zu denen gerechnet wird, welche am fleissigsten und sorgfältigsten über Quellen überhaupt und deren Eigenschaften geschrieben haben; und wenn wir Plin. n. h. II, 219 in Vergleich ziehen, so liegt die Vermutung nahe, dass auch hier Posidonius zu grunde liege, zumal dieser Autor im Quellenverzeichnisse zu B. II mit angeführt ist [3]).

---

[1]) Daraus folgert er (εἰκάζει), Ebbe und Flut müssten ab- resp. zunehmen je nach den Aequinoctien oder Solstitien.
[2]) Vgl. Philostr. Ap. Tyan. III, 6.
[3]) Strabo l. c. berichtet nach Polybius, es sei im Herkulestempel zu Gades eine Quelle, die zur Zeit der Flut versiege, zur Zeit der Ebbe sich fülle. Dagegen sagt Posidonius (Strab. l. c.), es seien im Herkulestempel zwei Brunnen (cf. Plin,), der kleinere versiege sofort, wenn man anhaltend schöpfe, der grössere halte das Schöpfen länger aus, und da sein Versiegen

Was in fragm. 97 (= Strab. III, 175) berichtet wird von einem eigentümlichen Baume bei Gades, dürfen wir wohl in Zusammenhang bringen mit Philostr. Ap. Tyan. V. 5, wo von den sog. Geryonischen Bäumen die Rede ist.[1] In fragm. 96 gibt uns Posidonius auch Aufschluss über die vielbesprochenen Herkulessäulen. Darüber ausführlicher im Anhang (I.).

Oben ist erwähnt, dass Posidonius selbst sagt, er sei zu Ilipa gewesen, er muss aber noch weiter in Turdetanien herumgekommen sein; das zeigt seine Schilderung des Metallreichtums dieser Gegend und die ausführliche Darstellung des Gewerbes der Bergleute.

Spanien war im Altertum besonders wegen der ergiebigen Silbergruben berühmt und gepriesen, und Posidonius ist beim Anblick dieser Schätze so entzückt, dass er, wie Strabo III, 146 (= fr. 48) bemerkt, in Übertreibungen schwärmt, denn er sagt, er setze keinen Zweifel in jene Sage[2]), dass einst bei einem

---

oft mit der Zeit der Flut zusammentreffe, so sei der Glaube der Einwohner an die entgegengesetzte Wirkung entstanden. Plin. l. c, spricht ebenfalls von 2 Quellen, die eine steige bald gleichzeitig mit dem Ozean, bald aber in entgegengesetzten Zeiten. Ähnliche Quellen seien in einer Stadt am Ufer des Bätis; dieselbe Eigenschaft habe ein Brunnen in Hispalis (Posid. war aber in jenen Gegenden). — Vgl. auch Sen. nat. qu. III, 16. Mela III, 6. — Dergleichen intermittierende Quellen werden in Spanien mehrere erwähnt (cf. z. B. Plin. XXXI, 24); ebenso anderwärts (cf. Nonnus Dion XL, 359. 542. Plin. II, 228. Aristot. mir. ausc. 55 u. sonst).

[1]) fr. 97: ἱστορεῖ (sc. Ποσειδ.) δὲ καὶ δένδρον ἐν Γαδείροις ὄζους ἔχον καμπτομένους εἰς ἔδαφος, πολλάκις δὲ φύλλα ξιφοειδῆ πηχυαῖα τὸ μῆκος, πλάτος δὲ τετραδάκτυλα. Der Baum trage auch Früchte, und wenn man in die Wurzel (vielleicht beruht das ῥίζη auf einem Missverständnis Strabos) einschneide, so komme eine rote Flüssigkeit zum Vorschein. — Vergleicht man mit dieser Schilderung jene bei Philostratus von den Bäumen auf dem Grabe des Geryones, welche von Blut träufeln, so wird man wohl an eine Art Dracaena zu denken haben, die ja hauptsächlich im Südwesten von Gades auf den kanar. Inseln und Madeira zu Hause ist, und aus der teils von selbst das sog. Drachenblut ausfliesst (cf. Philostr.), teils durch Einschnitt gewonnen wird (cf. Posid.). Vgl. Leunis, Synopsis der Pflanzenkunde, p. 1109. An solche bluttriefende Bäume konnte dann leicht die Geryonessage anknüpfen.

[2]) Über diese Sage s. Anhang (II). Eine eingehende Besprechung von fr. 48 und der unter demselben bei Müller eingereihten Stelle aus Athenäus (VI, 233 e) ebendort (III).

Waldbrande das Silber und Gold in der Erde geschmolzen und durch das Sieden an die Oberfläche gequollen sei (cf. auch Sen. ep. 90); nicht nur reich sei dieses Land auf seiner Oberfläche, sondern auch im Innern, und es bewohne dort nicht Hades, sondern Pluto (= Gott des Reichtums) das unterirdische Reich. Eingehend schildert er sodann das Gewerbe der Bergleute, die kunstvolle Construction der überaus tiefen Schachte und der Pumpwerke zum Auschöpfen der Grubenwasser. (cf. Strab. l. c. und etwas ausführlicher Diodor V, 37, der aber in gewohnter Weise seine Quelle verschweigt).

Beachtet man, was Strabo III, 142 überliefert: πλεῖστος δ'ἐστὶν ἄργυρος ἐν τοῖς κατὰ Ἴλιπαν τόποις, ferner, dass Posidonius nur von den Arbeiten und Einrichtungen beim Bergbau auf Silber redet und selbst zu Ilipa sich aufhielt (s. o.)[1], so ist der Schluss naheliegend, dass er eben in jener Gegend von den Bergwerken Augenschein genommen hat.

In Gades und auf seinen Wanderungen am Bätis konnte Posidonius gar manche interessante Erkundigungen einziehen, und dahin gehören die Nachrichten über Lusitanien (cf. fr. 98 = Strab. III, 153), die Kassiteriden und über die Gewinnung des Zinns auf diesen Inseln, an der lusitanischen Küste und im Lande der Gallicier und Artabrer.[2]

Aus den weiteren Berichten unseres Gelehrten über Iberien hebe ich noch zwei Stellen hervor, die Müller (p. 293) unter fr. 95 (= Strab. III, 175) mitteilt. Dort wird zunächst von einem See berichtet, den der Ebro durchströme, und der, durch heftige Nordstürme in den Fluss getrieben, oft ein plötzliches Anschwellen

---

[1] Vielleicht stammt die Beschreibung der Landschaft am Bätis bei Strabo l. c. grösstenteils aus Posidonius.

[2] cf. unter fragm. 48 (= Strab. III, 147), womit zu vergleichen ist Diod. Sic. V, 38. — Nach den Kassiteriden, den heutigen Scilly-Inseln, bestand eine alte Wasserstrasse von der Nordwestküste Spaniens aus, zumeist befahren von Phöniziern, Carthagern und Gaditanern. Über diese Frage vgl. die schöne Abhandlung von Christ: Avien und die ältesten Nachrichten über Iberien und die Westküste Europas. Abh. d. k. b. Ak. d. W. philol.-hist. Kl. XI. B. p. 180 ff.

des letzteren verursache.¹) Über derlei Dinge Erkundigungen einzuziehen, dazu bot sich schwerlich in Gades Veranlassung; Posidonius wird also die Gegend am Ebro wenigstens berührt haben. Ferner hätte er kaum jener Kleinigkeit, dass bei Carthago nova ein Baum einen Bast gebe, woraus man die schönsten Gewebe verfertige, Erwähnung gethan, wenn er nicht an Ort und Stelle darauf aufmerksam gemacht worden wäre.

Uber Fragm. 49 (die Stadt Odyssea betreffend) s. im Anhang (IV).

Sicherlich rührt bei Strabo noch manche Nachricht über Spanien von Posidonius her, ohne dass letzterer namentlich angeführt ist; daraus aber, dass Strabo diesen Autor besonders häufig für Gades und die Gegend am Bätis citiert, dabei auch ziemlich umfangreiche Stellen aus ihm wiedergibt, dürfen wir wohl den Schluss ziehen, dass Posidonius eben nur zu Gades speziell sich aufgehalten hat, und zwar, wie oben gezeigt, 30 Tage lang, wobei auch seine Ausflüge in die Umgegend und den Bätis aufwärts mit einzurechnen sein werden. Das ergibt sich auch, wenn man die Rückreise von Gades nach Italien ins Auge fasst, die uns Posidonius selbst beschreibt (vgl. fr. 66 = Strab. XVII, 827 und fr. 100 = Strab. III, 144).

Er schiffte sich in Gades ein und gelangte an die libysche Küste (fr. 66), und zwar noch ausserhalb der Meerenge, wie daraus hervorgeht, dass Strabo, nachdem er die Notiz aus Posidonius angeführt hat, kurz darauf fortfährt: Εἰς δὲ τὴν ἐντὸς θάλατταν πλέουσιν κτλ. Die weitere Fahrt wurde durch widrige Winde in die Länge gezogen (fr. 100), so dass Posidonius, nachdem er an den Balearen, an Sardinien und an der libyschen Küste herumgesteuert, kaum in 3 Monaten Italien erreichte.

Auch während dieser Fahrt unterliess er nicht, wissenschaftliche Forschungen anzustellen. So untersuchte er die Tiefe des sardoischen Meeres (fr. 99 = Strab. I, 53), das er, wie auch

---

¹) Forbiger, Handb. der alten Geogr. III p. 12 A 45 nennt die Nachricht von dem Sumpfsee eine Fabel. Sonderbar bliebe immer eine derartige Erdichtung. An sich ist die Sache möglich und wird durch Beispiele bei anderen deltabildenden Strömen (vgl. z. B. Strabo IV, 184, XV, 729) wahrscheinlich gemacht. S. Fischer, Progr. v. Wernigerode 1879 p. 9 A. 3.

Aristoteles (Meteorl. 2, 1), für den tiefsten Teil des gemessenen Meeres hielt. Etwas Eigenes habe er auf der Rückfahrt bemerkt, dass nämlich in diesem Meere bis zum sardinischen Busen die Etesien als Εὖροι wehten (fr. 100). Die Etesien sind dem Griechen ursprünglich NW-Winde (cf. Aristot. de mundo 4, p. 395, 2, Sen. n. qu. V, 10 u. 11). Das Wort wurde aber später im generellen Sinne gebraucht für Winde, die eine Zeit lang einen bestimmten Strich einhalten (Plin. II, 124 Gell. N. A. II, 22. Strab. III, 44, Diod. Sic. I, 39 u. a.) Dem Griechen sind die Etesien die zur Zeit des Sommers regelmässig im östlichen Mittelmeer herrschenden Nordwinde[1]), der Euros aber weht ihm besonders um die Zeit des Wintersolstitiums (Arist. Meteorl. II, 6). Posidonius war also von seiner Heimat her gewohnt, dass die Etesien im Hochsommer (Juli) von Norden (resp. NW) her wehten, und nun findet er, dass sie Εὖροι, d. h. östliche Winde seien, während doch der Euros in seiner Heimat zur Winterszeit wehte. Das musste ihm allerdings als ein καινὸν καὶ παράδοξον erscheinen. Man vergleiche aber Plinius n. h. II, 127: In Hispania et Asia ab oriente flatus est eorum (scil. etesiarum)[2]).

Oben ist gezeigt, dass Posidonius zu Gades im Juni weilte und 30 Tage dort verblieb, nun treffen wir ihn auf offener See zur Zeit, da die Etesien wehen, i. e. im Juli (cf. Plin. n. h. II, 123, 124. u. Gell. l. c. quum canis oritur); er wird also anfangs Juli abgereist sein und, da er 3 Monate zu Schiff war, mit Beginn des Oktobers Italien erreicht haben.

[Posidonius in Gallien . fr. 23—28]. Dass sich Posidonius längere Zeit in Gallien aufgehalten, geht aus den Schlussworten von fragm. 26 (= Strab. IV, 198) hervor: . . . φησὶ γοῦν Ποσ. αὐτὸς ἰδεῖν ταύτην πολλαχοῦ καὶ τὸ μὲν πρῶτον ἀηθίζεσθαι, μετὰ δὲ ταῦτα φέρειν πρᾴως διὰ τὴν συνήθειαν. — Zunächst landete er wohl in Massilia. Hier bot sich die beste Gelegenheit über Gallien überhaupt und die Sitten

---

[1]) vgl. Guthe-Wagner, Lehrb. der Geogr. I. p 103.
[2]) cf. auch Gell. N. A. II, 22 . . . . ex alia atque alia caeli parte spirant; Aristot. Probl. 26, 2.

seiner Bewohner Erkundigungen einzuziehen, denn die Massilioten kamen bei ihrem über ganz Gallien sich verbreitenden Landhandel vielfach mit jenen Völkern in Berührung.[1]) Wie es scheint, war der massiliotische Gastfreund des Posidonius, Charmolaus (fr. 53) selbst ein vielgereister Kaufmann. Gar manches über die Sitten der Gallier berichtet aber Posidonius aus Autopsie, muss also doch über die Narbonitis hinausgekommen sein. Hieher gehört zunächst fr. 26, worin er als Augenzeuge erzählt, dass die vom Kampfe heimkehrenden Ritter die Köpfe der erschlagenen Feinde an den Pferdemähnen aufgehängt mit sich führten und zu Hause an der Vorhofthüre annagelten [2]). — In der Narbonitis konnte Posidonius derlei Grausamkeiten nicht beobachtet haben, und Strabo sagt ausdrücklich (nach Posidonius), dass dieser Gebrauch besonders bei den nördlichen Völkerschaften herrsche (ὁ τοῖς προσβόρροις ἔθνεσι παρακολουθεῖ πλεῖστον); Posidonius muss also zu nördlichen, nicht-römischen Kelten gekommen sein, und ich glaube, wir dürfen da zunächst an die Häduer denken. Jedenfalls hat er Ausflüge gemacht den Rhodanus aufwärts, denn die Narbonitis erstreckte sich bis zum Gebiete der Allobroger, und auch diese hatten 112 sich der römischen Herrschaft fügen müssen, ohne jedoch zur Provinz zu gehören. Nördlich davon lag das Gebiet der Ambarrer, und nördlich von diesen wohnten die Häduer. Bei ihnen konnte Posidonius um so sicherer verweilen, als sie das erste gallische Volk waren, welches sich den Römern anschloss und daher längst schon den Ehrennamen fratres et socii Romani erhalten hatten (cf. Strab. III, 192, Cic. ad fam. 7, 11, Caes. de. b. G. I, 31; VI, 13, Liv. ep. LX). — Die Staaten des keltischen Gallien waren durch kein gesetzliches Band zusammengehalten, standen sich vielmehr feindlich gegenüber. Man denke an die Rivalität der Averner und Sequaner mit den Häduern, an den Streit um das Prinzipat in Gallien — das muss weit

---

[1]) Die Handelsstrassen zogen sich längs der Rhone und Saone und weiter die Seine, Loire und Garonne hinab. s. Wiberg, Einfluss der klass. Völker auf den Norden. Hamburg 1867.

[2]) Strab. IV, 198: πρόσεστι δὲ τῇ ἀνοίᾳ καὶ τὸ βάρβαρον . . . . διὰ τὴν συνήθειαν. Damit schliesst das Fragment 26 bei Müller. Aber auch die übrigen Worte gehören noch hinzu, wie ein Vergleich mit Diodor V, 29 beweist.

zurückdatieren, denn die Spaltung zeigte sich bereits 72 in ihrer vollen Grösse in der Herbeirufung der Germanen durch die Averner und Sequaner. Man vergleiche ferner Strab. IV, 192, wo von den Sequanern gesagt wird, sie seien **beständige Feinde** der Römer und **Häduer** gewesen, sie hätten sich meistens an die Germanen angeschlossen bei deren Einfällen in Italien, und sowohl dieser Umstand, als auch der **fortwährende** Streit wegen des Flusses habe sie **den Häduern verhasst** gemacht. War nun Posidonius auch im eigentlichen Gallien, so konnte er noch manches aus Autopsie berichten, und dahin gehören vor allem seine Schilderungen von ἔθιμα und νόμιμα bei den Kelten (s. Athen. VI. 151 e: Ποσειδώνιος . . . πολλὰ παρὰ πολλοῖς ἔθιμα καὶ νόμιμα ἀναγράφων) fragm. 25 (= Ath. l. c.), worin eine eingehende Beschreibung der gallischen Mahlzeiten gegeben ist. Dieses Fragment ist noch aus einem andern Grunde von Interesse. Vergleicht man nämlich damit Diod. V, 26 und V, 28, so findet man eine merkwürdige, zum Teil wörtliche Uebereinstimmung. Bei Diod. V, 26 lesen wir von den Galliern weiter: κάτοινοι δὲ ὄντες καθ' ὑπερβολὴν τὸν εἰσαγόμενον ὑπὸ τῶν ἐμπόρων **οἶνον ἄκρατον** ἐμφοροῦνται κτλ. Das Trinken von οἶνον ἄκρατον aber galt für barbarisch und wurde darum als etwas Auffallendes von Posidonius (fr. 25) unter den ἔθιμα der Kelten mitgeteilt. Nun ist aber in fr. 32 (= Athen. IV. p. 153 e.) dasselbe von **den Germanen** berichtet.[1]) Es handelt sich also darum, ob Posidonius schon den Namen der Germanen kannte. Müller glaubt, es seien hier die Cimbern und Teutonen gemeint, allein eine solche Ansicht ist nicht haltbar, denn man hat damals die Cimbern allgemein für Kelten angesehen[2]), und das that auch Posidonius, wenn er annahm, die

---

[1]) Γερμανοί δέ, ὡς ἱστορεῖ Ποσ. ἐν τῇ τριακοστῇ, ἄριστον προσφέρονται κρέα μεληδὸν ὠπτημένα καὶ ἐπιπίνουσι γάλα καὶ τὸν οἶνον ἄκρατον.

[2]) Noch Sallust (b. J. 114, 1) und Cicero (de prov. cons. 13,12) umfassen z. B. unter dem Namen Galli die früheren Keltenzüge und den Krieg mit den Cimbern und Teutonen. Aus Caesars Schilderung über die germanischen Sueven leuchtet deutlich hervor, dass er die damals allgemeine Meinung von der Gleichheit der Gallier und Germanen bekämpft. Nach Dionys. Hal. A. R. XIV, 2 umfassten die Griechen Γερμανία u. Γαλατία mit dem Namen Κελτική; cf. auch App. Illyr. 4: Κελτοῖς τοῖς Κίμβροις λεγομένοις, Dio Cass. 53,12: Κελτῶν τινες, οὓς δὲ Γερμανίαν καλοῦμεν, ebenso 39, 41 u. v. a.

Cimbern seien identisch mit den Cimeriern (s. unter fr. 75, Diod. V, 32, Plut. Mar. 1); die Cimerier aber galten den Alten durchweg als Kelten, Posidonius nicht ausgeschlossen, wie sich aus Diodor V, 32 nachweisen lässt. — Sicherlich umfasste bei Posidonius der Keltenbegriff in der den Griechen gewohnten Ausdehnung alle Völker von den Pyrenäen bis nach Scythien, nur scheint eine bestimmte Klarlegung innerhalb der verschiedenen Namen von ihm ausgegangen zu sein. Denn es ist auffallend, dass Diodor gerade da, wo er den Posidonius ausgiebig, wenn nicht durchweg benützt (V, 25—32), jene Völkerschaften, die man später als Germanen bezeichnete, Galater nennt und eine eigene Bemerkung anknüpft, indem er als wichtige Neuigkeit zu bringen meint, dass den meisten dieser Unterschied zwischen Kelten und Galatern unbekannt sei. Diodor selbst kannte ihn jedenfalls auch nicht, sondern hat ihn von einem anderen, und da in V, 32 auffällige Übereinstimmungen mit fr. 75 sich zeigen, so wird auch dieser Punkt auf Posidonius zurückzuführen sein.[1]

Nun zum betr. Fragment zurück. Schon der Inhalt passt nicht auf die Germanen, denn Caesar versichert ausdrücklich, dieselben hätten keinen Weinimport geduldet (b. G. IV, 2). Nach Müller sollen einige Codices das 23. statt des 30. Buches nennen. In der mir zu gebote stehenden Dindorf'schen Athenäus-Ausgabe (und darin sind die Varianten ziemlich gut verzeichnet) finde ich nichts davon. Dagegen lesen wir in der bald darauffolgenden Stelle 154a (= fr. 24), wo wiederum von gallischen Gebräuchen bei der Mahlzeit die Rede ist[2]: Ποσειδώνιος ἐν

---

[1] Der Name Γαλάται kam bei den Griechen spät in Gebrauch, vermutlich erst seit den Einfällen der Kelten in Griechenland. Polybius gebraucht Κελτοί u. Γαλάται noch ohne Unterschied. Möglicherweise hat Posidonius noch eine genauere Unterscheidung der Namen statuiert, denn bei Strabo finden wir Κέλται, Κελτοί u. Γαλάται. Κέλται sind ihm die Bewohner der Narbonitis (der Römer kennt nur Celtae, keine Celti), Κελτοί die Bewohner des Keltenlandes ohne Rücksicht auf Abstammung, und Γαλάται ist ihm die höhere Einheit, alle zum Keltenstamm Gehörigen. Die Germanen sind ihm aber bekanntlich γνήσιοι Γαλάται, i. e. ächte Brüder der Kelten, zum gleichen Stamme gehörig, und die Aquitaner z. B. διαφέρουσι τοῦ Γαλατικοῦ φύλου (p. 189).

[2] = Diod. V, 28.

τρίτῃ καὶ τριακοστῇ; so die beste und älteste Handschrift, der Marcianus, während der Laur. aus dem 15. und der Palat. aus dem 16. Jahrhundert ἐν τρίτῃ καὶ εἰκοστῇ geben¹). Ich behalte daher in fr. 24 mit Dindorf und Meineke die Leseart der besten Handschrift bei²), und es bedarf dann in fr. 32 nur der sehr naheliegenden Conjektur τρίτῃ καὶ τριακοστῇ (γλ´) für τριακοστῇ (λ´). Ziehen wir noch fr. 25 (ἄκρατος δ'οὗτος scil. οἶνος) heran, so haben wir drei Fragmente aus dem 33. Buche, welche uns die gallischen Gastmähler und die dabei statthabenden Gebräuche schildern. Posidonius spricht also in fr. 32 von Kelten, mag nun Γερμανοί für Γαλάται oder irgend einen keltischen Namen auf ανοί (z. B. Σηκουανοί u. dgl.) verschrieben sein, oder mag Athenäus willkürlich Γερμανοί für Γαλάται eingesetzt haben, was bei dem schwankenden Gebrauche beider Namen (s. o.) verzeihlich wäre.³)

---

¹) Hat vielleicht Müller die beiden Stellen verwechselt?
²) Allerdings war auch im 23. Buche von den Galliern die Rede (cf. fr. 23). Allein das betr. Fragm. spricht über die Barden im allgemeinen, was sehr leicht geschehen konnte bei Erwähnung einer historischen Thatsache (vgl. z. B. App. Celt. IV, 12, wo ebenfalls im Gefolge der glänzenden Gesandtschaft des Avernerkönigs Bituitis ein Barde vorkommt). Das wird um so wahrscheinlicher, wenn wir die zweite aus dem 23. Buche citierte Stelle (Athen. IV, 152 d, bei Müller unter fr. 25) beachten, welche von dem Reichtum des Königs Luernius, des Vaters des Bituitis, Nachricht gibt, und wo gleichfalls ein Barde auftritt.
³) Scheppig dachte bei fr. 32 an die iberischen Oretaner mit Rücksicht auf Plin. n. h. III, 25: Oretani qui et Germani cognominantur. — Allein Strabo, der doch mehrmals, mitunter ausführlich, von den Oretanern redet (cf. III, 139, 141, 152, 156, 162, 163), kennt diesen Zusatz noch nicht, er ist s p ä t e r e n Datums, und ausser in der angeführten Stelle aus Plinius finden wir ihn nur mehr in dem Ὤρητον Γερμανῶν bei Ptolemaeus II, 659 (wohl das Ὠρία des Strabo (III, 152), Ὠρισία des Artemidor bei Staph. Byz. p. 734). Bedenkt man, dass germanische Truppen später in fast allen Provinzen des römischen Reiches standen, selbst in Ägypten und Afrika (vgl. Caes. b. c. III, 4; b. Afr. I, 9. 40; Ptolem. IV, 2), dass in Spanien Leon seinen Namen hat von legio, als dem Standquartier der legio VII. Gemina (Itin. Ant. p. 395), die nach Ptolem. II, 6 eine g e r m a n i s c h e war (λεγίων ζ´Γερμανική), so liegt nahe, dass auch in dem Ὤρητον Γερμανῶν an eine derartige Militärkolonie aus der Kaiserzeit zu denken ist, wovon dann nicht nur der Hauptort, sondern auch der ganze Volkstamm zubenannt wurde, wie ja später in Spanien viele Städte und Völkerschaften zu ihrem alten Namen noch Beinamen erhielten (vgl. z. B, Plin. III, 25).

Bei Beschreibung der Stände des Keltenlandes scheint Strabo (IV, 197) von Posidonius abhängig zu sein. Während Caesar nur Ritter und Druiden kennt, unterscheidet Strabo drei andere Klassen von besonders Bevorzugten: βάρδοι, οὐάτεις und δρυΐδαι. Die gleiche Einteilung hat Diodor V, 31, nur dass die οὐάτεις mit dem griechischen Namen μάντεις bezeichnet sind.[1] Kehren wir nun zur Narbonensis zurück. Indem Strabo das Mündungsgebiet der Rhone schildert, redet er auch (IV, 182, 183) von dem πεδίον λιτῶδες (campi lapidei bei Plinius, die heutige Crau d'Arles). Über die Entstehung dieses Steinfeldes[2] hat man im Altertum verschiedene Erklärungsversuche aufgestellt; Posidonius war der Ansicht (fr. 28), ein See sei früher dagewesen, welcher unter beständiger Bewegung austrocknete, weshalb das Gestein zerbröckelt wurde.[3]

Was Posidonius von den Helvetiern weiss (Athen. VI, 233d), hat er er wohl in Massilia erfahren. Die betr. Stelle aus Athenäus (bei Müller unter fr. 48 eingereiht), bedarf jedoch einer

---

[1] Diodor gibt eine etwas ausführlichere Schilderung dieser Stände, im grunde jedoch sagt er dasselbe, was Strabo mit wenigen Worten zusammenfasst.

[2] „Diese Steinebene ist wahrscheinlich ein aus den Urzeiten der mächtigen Thalbildung herrührendes Delta der Durance, welche bei einem kurzen Laufe aus den hohen Alpen mit beträchtlichem Falle notwendig eine grosse Masse von Gerölle mit sich führen musste und wegen ihres reissenden Stromes die Bildung einer feinen Sand- und Erddecke nicht gestattete, späterhin aber ihr durch diese Masse von Gerölle verstopftes Bett verliess und sich einen anderen Weg bahnte." So v. Hoff, Geschichte der natürlichen Veränderungen der Erdoberfläche I, S. 296.

[3] Frühzeitig schon hat man dieses Steinfeld in Verbindung gebracht mit der Sage vom Kampfe des Herkules gegen die Ligyer, welchen Mythus Aeschylus im befreiten Prometheus verwertete. Die betr. 9 Verse aus Strabo l. c. in der Dindorf'schen Ausg. des Aeschylus fr. 76. V. 1—3 auch bei Dion. Hal. A. R. I, 41. Nach Aeschylus erzählt die Sage Hygin. poët. astron. II, 6. Vgl. auch Theon. ad Arat. phaenom. 75, Mela II § 78, Plin. n. h. III, 34, Eustath. ad Dionys. Perieg. V. 75, 76, Eudoc. Viol. p. 214 Villois. = p. 341 ed. Flach. — Posidonius meint bezüglich dieser Sage, es wäre von Zeus gescheider gewesen, wenn er die Steine den Ligyern gleich selber auf die Köpfe geworfen hätte, statt dass er Herkules in eine Lage versetzte, darin er für die verschossenen Pfeile so vieler Steine bedurfte.

etwas ausführlicheren Behandlung, als es hier geschehen kann; daher verweise ich dieselbe in den Anhang.¹)

Von Massilia weg begab sich Posidonius in das westliche Gebiet der Narbonensis. Dass er auch dort ins Innere vorgedrungen, dafür haben wir manche Andeutungen (fr. 27 = Strab. IV, 188). Er bestimmt die Lage von Tolosa; er gibt eine andere Erklärung von der Herkunft des durch den Raub des Caepio sprichwörtlich gewordenen tolosanischen Goldes²); seine Angaben über die Stadt, den heiligen Tempel und den dort aufbewahrten Schätzen scheinen auf Autopsie zu beruhen. Bei Diodor V, 27, für welches Kapitel Posidonius zu grunde liegt, wie die Schlussworte, verglichen mit fr. 27, zeigen, wird die Arbeit der Goldwäscher geschildert, und während bei Strabo l. c. (= fr. 27) von den Tektosagen die Rede ist, wird bei Diodor das nämliche von oberländischen Kelten (also oberländischen Tektosagen) berichtet.

[**Posidonius in Italien.**] Bake lässt den Posidonius von der Narbonensis zurück durch Ligurien reisen.³) Ob das aus fr. 53 und 54 herausgelesen werden darf, möchte ich bezweifeln. Die Stelle (fr. 53 = Str. III. 165) ἐν τῇ Λιγυστικῇ φησιν ὁ Ποσειδ. διηγήσασθαι τὸν ξένον ἑαυτῷ Χαρμόλεων, Μασσαλιώτην ἄνδρα, ὅτι μισθώσαιτο ἄνδρας ὁμοῦ καὶ γυναῖκας ἐπὶ σκαφητὸν κτλ⁴) muss doch wohl so aufgefasst werden, dass Charmolaus zu Massilia die im fraglichen Fragment erwähnte Geschichte erzählt. Letzterer⁵) hielt sich also selbst in Ligurien auf, war daher über Land und Leute gut unterrichtet, und von

---

¹) S. Anhang unter III.
²) Vgl. auch Justin. XXXII, 3; Cic. de orat. II, 47; de nat. deor. II, 30; Dio Cass. fr. 90, p. 86 ed Bekker, Gell. N. A. III, 9; Val. Max. IV, 7. 3, VI, 9. 13; Aurel. Vict. I, 73.
³) p. 12: Narbonensem Galliam indeque Ligures adiit.
⁴) Die nämliche Geschichte berichtet die pseudo-aristot. Schrift θαυμ. ἀκούσματα c. 91. cf. auch Clem. Alex. strom. IV p. 498 ed. Sylb. u. Varro de re rust. II, p. 10 von den Illyriern.
⁵) Ein Zenothemis, Sohn des Charmolaus aus Massilia erwähnt bei Lucian (Tox. c. 24).

ihm hat Posidonius auch, was er weiter in fr. 54 (= Str. V, 218) mitteilt. Hier bietet sich uns eine kurze Notiz über die Lebensweise der Ligurer, und das nämliche lesen wir ausführlicher bei Diodor V, 39, eingeleitet durch die gleichen Worte wie in IV, 20 desselben Autors (= Strab. 165 oder fr. 53). Daraus lässt sich vielleicht ein Rückschluss machen, wie bei Posidonius stand. Dieser sprach zunächst von dem Lande und Boden, schilderte dann die Ligurer nach ihrer Körperbildung (cf. Diod. IV, 20), ihre bittere Armut und Arbeitsamkeit, und hier war wohl das in fr. 53 Mitgeteilte eingeschaltet.

Dass Posidonius in Sizilien gewesen, ist kaum zu bezweifeln. Diese Insel war stets ein gesuchtes Reiseziel, anziehend durch ihre Naturschönheit, die Berühmtheit ihrer Städte und die bis in die Sagenzeit hinaufreichenden Erinnerungen.[1]) Man erwäge auch, dass Posidonius eine Hauptquelle geworden ist für die Geschichte der sizilischen Sclavenaufstände.[2]) Er hat, da er ja doch nach Italien musste, gewiss nicht versäumt, den Schauplatz der Unruhen selbst in Augenschein zu nehmen und an Ort und Stelle, wo die Ereignisse noch frisch im Gedächtnisse lebten, Nachrichten zu sammeln. — Für die Beschreibung der Insel kommen in Betracht fr. 82, 83 (vgl. Diod. V, 3) u. 79.

Wie sich weiter zeigen wird, hatte Posidonius Gelegenheit längere Zeit in Rom zu verweilen; er konnte also Italien nach Belieben bereisen und vorzugsweise in Etrurien (vgl. fr. 1) Erkundigungen einziehen auch über Völker nördlich der Alpen und jenseits der Donau[3]), denn die Etrusker drangen seit alter Zeit in diese Gegenden vor und unterhielten Handelsbeziehungen mit ihren Bewohnern, wie durch zahlreiche Funde echt etrurischer Arbeit bezeugt ist.[4])

Ob man aus dem, was in fr. 55 über den Fluss Timaus be-

---

[1]) cf. Lucr. de rer. nat. I, 727.
[2]) Fr. 15 u. 16, womit zu vergleichen ist Diod. Exc. de virt. p. 600 (XXXIV, 2).
[3]) So weiss Posidonius von Tauriskern, Skordiskern und Bojern.
[4]) Vgl. über solch gegenseitigen Verkehr: Genthe, über den etruskischen Tauschhandel nach dem Norden. Frankf. a/M. 1874.

richtet wird[1]), mit Bake den Schluss ziehen darf, Posidonius sei auch in Istrien gewesen, möchte ich bezweifeln, denn Istrien war schon seit 177 römisch, also näher bekannt, und Posidonius konnte recht gut in Italien darüber Aufschluss erhalten.

Suchen wir schliesslich die Richtung für die occidentale Reise zu bestimmen, so wird sie nach dem Gesagten etwa folgendermassen sich gestalten: Posidonius hat sich jedenfalls zunächst nach Italien begeben. Unentschieden muss bleiben, ob er von Griechenland oder Rhodus aus absegelte. Er landete wohl in Brundisium, dem Haupthafen für den Personenverkehr mit den östlichen Ländern. Von hier aus wird er den südlichen Teil der Halbinsel und Sizilien besucht haben. Schwerlich ist er nun direkt nach Gades gereist, da der italische Verkehr mit diesem Handelsplatze über Puteoli oder Ostia ging. Übrigens wird er, wenn er einmal in Italien war, denn doch zunächst Rom besucht haben. Da wir ferner wissen, dass er sich auch nach Gallien begab, auf der Rückreise von Spanien aber nicht dorthin kam, sondern den direkten Weg nach Italien wählte, so ist es im höchsten Grade wahrscheinlich, dass die Hinfahrt nach Gades über Gallien und die ostspanische Küste entlang ging. Dies wird sicher, wenn wir das oben über den Ebro und Carthago nova Gesagte in Betracht ziehen.

Wir gewinnen also noch folgendes Resultat: Die Schiffahrt begann im März.[2]) Lässt man meine S. 27 ausgesprochene Vermutung, Posidonius habe im Januar 98 in Rom geweilt, gelten, so mochte er im Jahre 99, und zwar noch vor dem Spätherbste[3]), seine Reise angetreten haben. Zuerst besuchte er Sizilien, den Winter über hielt er sich in Rom resp. Italien auf. Im Frühjahre 98 (nach Wiedereröffnung der Schiffahrt) begab er sich

---

[1]) Dieser Fluss, seiner wunderbaren Natur wegen von Dichtern viel gefeiert, bildete die älteste Grenze Italiens.

[2]) Seefahrten waren fast ganz auf das Frühjahr, den Sommer und Frühherbst beschränkt. Im Anfang des Spätherbstes kehrten die Schiffe, die nicht überwinterten, in die heimatlichen Häfen zurück.

[3]) Vgl. Vegetius IV, 39: Ex die tertio idus Novembres usque in diem sextum idus Martias maria clauduntur, i. e. vom 11. November bis 10. März.

nach Gallien, dann die Küste entlang nach Gades. Hier treffen wir ihn im Juni und anfangs Juli. Darauf kehrte er direkten Weges nach Italien zurück und langte nach dreimonatlicher, durch widrige Winde verzögerter Fahrt, also etwa Mitte Oktober, in Puteoli oder Ostia an. Da der Schiffsverkehr während des Spätherbstes und Winters eingestellt war, so konnte er erst im nächsten Jahre, also 97, die Rückreise nach Griechenland bezw. Rhodus unternehmen. Er hatte also wiederholt Gelegenheit, in Rom und Italien sich aufzuhalten, und daher erklärt sich, dass er über römische und italische Verhältnisse so gut unterrichtet ist.

VII.

Nachdem Posidonius durch diese Reisen seine Kenntnisse erweitert hatte, liess er sich auf Rhodus nieder, um als öffentlicher Lehrer zu wirken.

Es ist bereits gezeigt, dass von der Übernahme einer durch Panätius gegründeten Stoa nicht die Rede sein kann; somit bleiben nur zwei Möglichkeiten: Entweder hat Posidonius die rhodische Schule selbst ins Leben gerufen, oder sie überkommen als bereits gestiftet von einem andern, und zwar einem Schüler des Panätius, etwa dem Hekaton.

Hekaton war ein Rhodier; er hatte an Q. A. Tubero, den Schüler und Freund des Panätius, eine Schrift περὶ καθηκόντων gerichtet (Cic. de off. III, 15; vgl. auch III, 23); Seneca citiert ihn öfters (z. B. de benef. I, 349, II, 18, VII, 37), ebenso Diogenes Laert. (VII, 103. cf. 101, 127 u. ö.) Der Umfang seiner Werke[1]) und die Art und Weise, wie dieser Stoiker neben den angesehensten genannt wird, lassen auf eine hervorragende Bedeutung schliessen; und dennoch erwähnt Strabo XIV, 655, wo er der berühmten Männer, die zu Rhodus wirkten, gedenkt, seiner

---

[1]) Es werden ausser περὶ καθηκόντων erwähnt περὶ ἀγαθῶν, περὶ παθῶν, περὶ ἀρετῶν, περὶ παραδόξων u. a.

mit keinem Worte. Wäre er der Stifter der dortigen Stoa und der Vorgänger des Posidonius gewesen, so sollte man doch erwarten, dass er in jener Stelle Berücksichtigung gefunden hätte. Aber auch sonst kein Schriftsteller des Altertums weiss von dem Bestand einer rhodischen Philosophenschule vor Posidonius; während dieselbe von jetzt an zu den berühmtesten zählt. Nirgends auch wird Hekaton als Lehrer genannt Man beachte ferner, dass Suidas von Posidonius nur sagt: σχολὴν ἔσχεν ἐν Ῥόδῳ, ein eigentümlicher Ausdruck, wenn von einer Übernahme oder Succession die Rede sein soll. Ein Hauptgrund aber ist für mich der, dass die Nachfolge im Scholarchentum zu Rhodus ordnungsgemäss an einen Schüler des jeweiligen σχόλαρχος, in diesem Falle also des Hekaton, übergegangen wäre, nicht auf den aus der Fremde kommenden Posidonius, der noch dazu dem Hekaton eine unbekannte Person gewesen sein müsste. Darum entscheide ich mich für den andern Fall und sage: **Erst Posidonius hat die rhodische Stoa ins Leben gerufen.**

Zu Rhodus hatte sich Posidonius, wie oben erwähnt, wahrscheinlich schon früher umgesehen und es zum künftigen Ort seiner Wirksamkeit auserlesen. Rhodus war gerade in jener Zeit dem Emporblühen der Künste und Wissenschaften günstig. Der Verkehr mit den Culturstätten Athen, Pergamum, Alexandrien war ein lebhafter; ein Handelsstaat wie Rhodus vermittelte die Kenntnis von fremden Ländern und Sitten; dazu konnte in solch einem freien Staate ein stoischer Historiker am besten und leichtesten seinen Standpunkt vertreten, den Standpunkt des Kosmopolitismus, und konnte ihn zur Geltung bringen frei von jeder nationalen Engherzigkeit.

Die von Posidonius gestiftete Stoa gedieh herrlich und erfreute sich hohen Ansehens. Der Ruf seiner umfassenden Gelehrsamkeit drang gar bald über die engen Grenzen von Rhodus hinaus; sein Name zog zahlreiche Schüler herbei, besonders aus der Römerwelt. Und nächst Panätius war es ja gerade Posidonius, der wesentlich dazu beigetragen hat, den Stoicismus bei den Römern einzubürgern. Cicero behandelt den rhodischen Philosophen durchweg als eine den Lesern bekannte Persönlichkeit; auch später noch ist er den Römern eine der ersten stoischen

Autoritäten, und Seneca nennt ihn wiederholt neben Zeno, Chrysippus und Panätius. Hatte letzterer schon die strikte Observanz der stoischen Lehre aufgegeben, mit platonisch-aristotelischen Elementen sie modifiziert[1]), so ging Posidonius darin noch weiter. Er liess den Platonismus offen und unverhüllt zu Tage treten, ja er scheute sich nicht gegen den stoischen Altmeister Chrysippus zu Gunsten Platons Stellung zu nehmen.[2]) So gemildert konnte und musste der Stoicismus unter den philosophischen Systemen den Römern am meisten zusagen, zumal die durchgängig praktische Tendenz unnütze Speculation ausschloss und der Beredsamkeit und Jurisprudenz zu gute kam.[3]) Daher kann es uns auch nicht Wunder nehmen, wenn wir sehen, dass gerade die rhodische Stoa unter ihrem berühmten Lehrer gern besucht wurde. Die athenische vermochte bei ihren Streitigkeiten mit den Epikureern, worein auch die Peripatetiker sich gemischt hatten, ohnehin wenig Zugkraft mehr auszuüben. Ein weiterer Grund aber für die Bevorzugung der rhodischen Stoa liegt in der Blüte der dortigen Rednerschule, welcher Molon, der ältere Zeitgenosse des Posidonius, vorstand. So verband man zu Rhodus gleichzeitig die rhetorischen Studien mit den philosophischen.

Aber nicht nur als hochgeachteter Lehrer und berühmter Gelehrter ragte Posidonius hervor, auch politisch war er in seiner neuen Heimat thätig, wie Strabo XIV, 655 überliefert: Ποσειδώνιος δ'ἐπολιτεύσατο μὲν ἐν ‛Ρόδῳ καὶ ἐσοφίστευσε. Und das rhodische Volk wusste ihn zu schätzen und liess seinen Verdiensten volle Anerkennung widerfahren, indem es ihm das Bürgerrecht verlieh (vergl. Luc. macr. c. 20: νόμῳ δὲ ‛Ρόδιος) und ihn so-

---

[1]) Es ist wohl kein blosser Zufall, dass Proclus in Plat. Tim. I, 50 den Panätius mit den Platonikern zusammenstellt. Vgl. auch Cic. Tusc. I, 32: Credamus igitur Panaetio a Platone suo dissentienti? Quem enim omnibus locis divinum, quem sapientissimum, quem sanctissimum, quem Homerum philosophorum appellat.

[2]) Vgl. Galen. de plac. Hipp. et Plat. V p. 285, 22, IV, 277, 41, IV, 279, 35 und ö.

[3]) Ueber den Einfluss der stoischen Philosophie auf die Rhetorik vgl Volkmann: Rhetorik der Griechen und Römer p. 9 fg.

gar mit der obersten Leitung des Staates betraute, d. h. mit der Würde eines Prytanen auszeichnete (vgl. fr. 64 = Strab. VII,316)[1]). Bake meint (pag. 13), die Prytanie des Posidonius falle zusammen mit dessen Gesandtschaftsreise nach Rom i. J. 86. Aber zunächst ist es äusserst unwahrscheinlich, dass die obersten Staatsbeamten den Sitz ihrer Thätigkeit während des Amtsjahres verlassen hätten, und dann waren es gerade die Prytanen, welche die Gesandten ernannten und abordneten (Polyb. XXIX, 4, 4). Wir müssen demnach die Prytanie in eine andere Zeit verlegen, und zwar noch vor das Jahr 86, wenn wir bedenken, dass die rhodischen Gesandten meist aus den Senatoren genommen wurden[2]), Posidonius aber kaum aus einem anderen Grunde, denn als gewesener Prytane dem Senatorenstande angehörte. Weit vor 86 aber können wir nicht zurückgehen, denn, wie oben gezeigt wurde, hat sich Posidonius erst gegen 96 auf Rhodus niedergelassen, und die Zeit, innerhalb welcher er zu so hohem Ansehen gelangte, darf doch wohl nicht zu kurz bemessen werden, zumal er vorher noch das Bürgerrecht sich verdienen musste. Da nun Posidonius anfangs Januar 86 als Gesandter in Rom weilte, so dürfte diese seine Prytanie kaum mehr in das Jahr 87 fallen, weshalb ich mich für 88 entscheide, so dass er also den Staat geleitet hätte in der Zeit, da Mithridates Rhodus belagerte.

Im Jahre 86, als Marius sein siebentes Consulat bekleidete, treffen wir den Philosophen zu Rom als Gesandten in rhodischen Angelegenheiten (vgl. fr. 40 = Plut. Mar. 45: Μάριος εἰς νόσον κατηνέχθη, πλευρῖτιν, ὡς ἱστορεῖ Ποσειδώνιος ὁ φιλόσοφος αὐτὸς εἰσελθεῖν καὶ διαλεχθῆναι, περὶ οὗ ἐπρέσβευεν κτλ). Marius starb bald nach dem Antritte seines Consulats, nach Plutarch (Mar. 46) am 17. Januar, nach Livius (epit. LXXX) am 13.

---

[1]) Die Prytanen bildeten die höchste rhodische Magistratur (App. b. c. IV, 66, 71; Liv. XLII, 45). Es waren ihrer zwei, gewählt auf ein Jahr, und jeder regierte 6 Monate (Polyb. XXVII, 6, 2), daher auf rhodischen Münzen immer nur der Name eines Prytanen sich findet, d. h. desjenigen, der eben die Regierungsgeschäfte führte (cf. Eckhel, doctr. num. vet I, 2 p. 603). Ihre Macht war wesentlich Civilgewalt, den Befehl im Kriege führten der Nauarch und die Strategen.

[2]) Vgl. z. B. Polyb. XVI, 15, 8; XXVII, 11, 4 u. 4, 4.

Also muss des Posidonius Besuch beim kranken Marius zu Anfang Januar 86 stattgefunden haben. Die Gesandtschaft selbst erklärt sich aus dem Bedürfnisse der Rhodier mit Rom in Verbindung zu bleiben. Sie hatten fest und treu während des Krieges mit Mithridates zu Rom gestanden, sie waren die einzigen Griechen, welche letzterer nicht bezwingen konnte und hatten den furchtbaren Angriff zu Wasser und zu Land tapfer ausgehalten und siegreich abgeschlagen. Und wie beim Beginn, so leisteten sie auch im Fortgang des Krieges wichtige Dienste (vgl. Plut. Luc. c. 2). Sie mussten daher wünschen, sobald wie möglich die Römer von ihrem erfolgreichen Widerstand gegen den König in Kenntnis zu setzen, es musste ihnen daran liegen, durch rechtzeitiges Hervorheben ihrer Verdienste für den Fall des Friedensschlusses sich Vorteile zu sichern. Vielleicht auch wollte man sich zugleich vergewissern, wie man bei dem in Folge der Herrschaft der Marianer schwankenden Zustand des römischen Staates Stellung zu nehmen habe. — Bedenkt man also Zeit und Zweck der Gesandtschaft, so wird man wohl gerade deswegen den Posidonius abgeordnet haben, weil er in dem Jahre, als Mithridates gegen Rhodus operierte, an der Spitze des Staates stand, daher am ersten dazu berufen war, über jene Verhältnisse Bericht zu erstatten.[1])

---

[1]) Noch könnte man fragen, ob der Nachricht des Plutarch überhaupt Gewicht beizulegen sei, wenn man die abweichende Erzählung vom Lebensende des Marius bei Diodor in Erwägung zieht (Exc. aus lib. 37, 40 ed. Bekker p. 183). Darnach verzweifelt Marius an seinem Glücksstern und den von Sulla drohenden Krieg vorhersehend, gibt er sich selbst den Tod. Hier also ist von einer Krankheit keine Rede. Vergleicht man aber, was Cic. de nat. d. III, 33 schreibt: Cur Marius tam feliciter, VII. consul, domi suae senex est mortuus? so wird man lieber an der Überlieferung Plutarchs festhalten als an der Diodors. Bei letzterem liegt wohl eine Verwechslung mit dem Lebensende des jüngeren Marius vor, der nach App. b. c. I, 94 und Diodor (Exc. aus lib. 38, 18 = Phot. bibl. p. 192 b 33) durch Selbstmord endete.

VIII.

Kehren wir mit Posidonius nach Rhodus zurück. Hier war unter anderen auch Cicero sein Schüler. Vgl. Plut. Cic. c. 4: ὅθεν Κικέρων εἰς Ἀσίαν καὶ Ῥόδον ἔπλευσε καὶ τῶν μὲν Ἀσιανῶν ῥητόρων .... συνεσχόλασεν, ἐν δὲ Ῥόδῳ ῥήτορι μὲν Ἀπολλωνίῳ τῷ Μόλωνι, φιλοσόφῳ δὲ Ποσειδωνίῳ; Cic. de nat. deor. I, 3: et principes illi Diodotus, Philo, Antiochus, Posidonius, a quibus instituti sumus; de fato 3: quaedam etiam Posidonius (pace magistri dixerim) comminisci videtur. — Zur Stärkung seiner Gesundheit hatte sich Cicero i. J. 79 auf Reisen begeben (Brut. 91, 313)[1]) zunächst nach Athen, woselbst er sechs Monate verweilte (ibid. 91, 315); 78 setzte er nach Asien über (ibid. 316), und von Cilicien aus begab er sich dann im gleichen Jahre nach Rhodus (ib. 316). Hier schloss er sich enge an Molon an, den er schon früher in Rom gehört hatte (Brut. 89 u. 91),[2]) und der sich bemühte, dem üppigen und überströmenden Vortrag desselben Zügel anzulegen (Brut. 316). Was lag nun näher als den Vorträgen des gefeierten Posidonius anzuwohnen? Und der Umgang mit diesem Manne wirkte auf Cicero so nachhaltig, dass er auch fürderhin mit ihm freundschaftliche Beziehungen unterhielt (familiaris noster Posidonius. Vgl. fin. I, 26; de nat. deor. I, 44; II, 34; Tusc. II, 25).

Durch Cicero mochte Posidonius mit Atticus und M. Brutus bekannt geworden sein; aber noch viele andere gebildete und vornehme Römer gehörten zu den Freunden des Stoikers, so C. Aurelius Cotta, G. Lucilius Balbus, C. Velleius (vgl. Cic. de nat. deor. I, 44), vor allem jener edle P. Rutilius Rufus, den Velleius Pat. II, 13 als Muster der Rechtschaffenheit hinstellt. Dieser war ein Schüler des Panätius[3]), und Posidonius kannte ihn wohl

---

[1]) Plutarch Cic. 3 träumt von einer Flucht vor Sulla, als ob dieser in Griechenland oder Asien ihn nicht hätte erreichen können.
[2]) Molon kam um das Jahr 81 als rhod. Gesandter nach Rom (Cic. Brut. 312).
[3]) Cic. Brut. 20: doctus vir et Graecis litteris eruditus, Panaetii auditor, prope perfectus in stoicis.

von früher her, etwa seit seinem ersten Aufenthalte in Rom. Nach seiner Verbannung lebte Rutilius zu Smyrna[1]) und scheint mit Posidonius in brieflichem Verkehr gestanden zu haben (vgl. Cic. off. III, 2). Vor allem ist hier die Hochschätzung zu erwähnen, die Pompejus gegen Posidonius hegte. Der grosse Staatsmann und Feldherr suchte den Gelehrten auf und unterhielt sich mit ihm, so oft er dazu Gelegenheit hatte. Da die diesbezüglichen Stellen eine etwas eingehende Besprechung verdienen, so mögen dieselben vorerst im Wortlaut folgen.

1) Strab. XI, 492: φασὶ γοῦν, ἐν Ῥόδῳ γενόμενον τὸν Πομπήιον, ἡνίκα ἐπὶ τὸν λῃστρικὸν πόλεμον ἐξῆλθεν αὖθις[2]) δ' ἔμελλε καὶ ἐπὶ Μιθριδάτην ὁρμήσειν καὶ τὰ μέχρι τῆς Κασπίας ἔθνη), παρατυχεῖν διαλεγομένῳ τῷ Ποσειδωνίῳ, ἀπιόντα δ' ἐρέσθαι εἴ τι προστάττει, τὸν δ' εἰπεῖν

αἰὲν ἀριστεύειν καὶ ὑπείροχον ἔμμεναι ἄλλων.[3])

2) Cic. Tusc. II, 25: At non noster Posidonius, quem et ipse saepe vidi et id dicam, quod solebat narrare Pompeius, se, cum Rhodum venisset decedens ex Syria, audire voluisse Posidonium; sed cum audivisset eum graviter esse aegrum, quod vehementer eius artus laborarent, voluisse tamen nobilissimum philosophum visere: quem ut vidisset et salutavisset, honorificisque verbis prosecutus esset, molesteque se dixisset ferre, quod eum non posset audire, at ille: Tu vero, inquit, potes; nec committam, ut dolor corporis efficiat, ut frustra tantus vir ad me venerit. Itaque narrabat eum graviter et copiose de hoc ipso, nihil esse bonum, nisi quod honestum esset, cubantem disputavisse; cumque quasi faces ei doloris admoverentur, saepe dixisse: nihil agis, dolor, quamvis sis molestus, numquam te esse confitebor malum.

---

[1]) In dieser Musse schrieb er sein Leben in wenigstens 5 Büchern (cf. Charis. I, p. 120 u. 139 K); ausserdem eine römische Geschichte (πάτριος ἱστορία) in griechischer Sprache (vgl. z. B. Athen VI, 274 c). Die Fragmente bei Peter, hist. Rom. fragmenta p. 120–124; dortselbst auch weitere testimonia über ihn. Posidonius kannte das Werk und benutzte es (vgl. Athen. IV, 168 d = fr. 38).
[2]) So bei Müller (s. fr. 89), εὐθὺς Meineke.
[3]) Hom. Il. VI, 208.

3) Plin. n. h. VII, 112: Cn Pompeius confecto Mithridatico bello intraturus Posidonii sapieutiae professione clari domum, fores percuti de more a lictore vetuit, et fasces litterarum ianuae submisit is, cui se oriens occideusque submiserat.
4) Plut. Pomp. c. 42: Ἐν δὲ 'Ρόδῳ γενόμενος (scil. Πομπήιος) πάντων μὲν ἠκροάσατο τῶν σοφιστῶν, καὶ δωρεὰν ἑκάστῳ τάλαντον ἔδωκε. Ποσειδώνιος δὲ καὶ τὴν ἀκρόασιν ἀνέγραψεν, ἣν ἔσχεν ἐπ' αὐτοῦ πρὸς Ἑρμαγόραν τὸν ῥήτορα περὶ τῆς καθ' ὅλου ζητήσεως ἀντιταξάμενος.

Lassen wir in der sub 1 angeführten Stelle aus Strabo den Satz αὖθις δ᾽ ἔμελλε καὶ ἐπὶ Μιθριδάτην ὁρμήσειν κτλ, der als Parenthese zu fassen ist, vorläufig weg, so kommen wir auf den Sommer 67 v. Chr. (ἡνίκα ἐπὶ τὸν λῃστρικὸν πόλεμον ἐξῆλθεν). Im Frühjahr 67 hatte Pompejus die westliche Hälfte des Mittelmeers von jenem Raubgesindel gesäubert (Cic. Mau. 12, 15); nach Beseitigung des pisonischen Widerstandes in Rom begab er sich zur Flotte nach Brundisium, um von hier aus den Krieg gegen die Seeräuber in den östlichen Gewässern iu Angriff zu nehmen. Er kam nach Athen (Plut. Pomp. 26), und sein Aufenthalt daselbst war nur von kurzer Dauer. Von da weg wird er wohl nach Rhodus gesegelt sein, denn Rhodus hatte ehedem selbst viel durch die Piraten zu leiden, von Rhodus aus konnte Pompejus recht gut gegen Cilicien operieren, die Rhodier standen ihm auch kämpfend zur Seite und halfen den Krieg, besonders in Cilicien, glücklich beenden (Flor. III, 5. 8).

Auf diese zweite Expedition nun möchte ich die strabouischen Worte beziehen, bei besagter Ankunft in Rhodus nehme ich sonach an, habe Pompejus dem Vortrage des Posidonius augewohnt.

Dagegen besteht die Ansicht Scheppigs (p. 8 sq.). Zweifaches wendet er ein: Die kurze Dauer der Expedition (49 Tage), die dem Pompejus nicht Zeit liess in Rhodus zu verweilen, und die Worte Strabos εὐθὺς δ᾽ἔμελλε κτλ ‚quo consilio Pompeius uti non potuit nisi antea lata lege Manilia . . ., quam sub initium demum a. u. 688 latam esse constat. Primam igitur illam salutationem hiemis tempore factum esse censeo, per quod. Pomp. in Cilicia castra babuit' (p. 9). So ist aber Scheppig dem ἡνίκα ἐπὶ τὸν λῃστρικὸν πόλεμον ἐξῆλθεν ungerecht geworden, denn der Seeräuberkrieg war 67 beendet und wurde als beendet betrachtet. Auch der weitere Grund ‚cum ille (Pomp.) adhuc cogitaret sibi contra Cretenses loco Metelli pugnandum fore et lege Manilia bellum Mithr. sibi esset commissum, accurate Strabonis verba conveniunt' ist hinfällig, denn Pompejus hat den Streit mit Metellus sofort fallen lassen, als er von dem neuen Volksbeschlusse hörte (Dio Cass. XXXVI, 28). Kurz, es handelt sich einfach darum, ob mit Rücksicht auf das ἡνίκα ἐπὶ τὸν λῃστρικὸν πολ. ἐξῆλθεν auch die in der Parenthese angeführten Worte erklärt werden können, widrigenfalls Strabo einen historischen Schnitzer sich hätte zu schulden kommen lassen.

Nehmen wir die ganze Stelle im Zusammenhang mit dem unmittelbar Vorhergehenden. Dort berichtet Strabo von den fehlerhaften Angaben des Posidonius über die Breite des kaukasischen Isthmus und knüpft eine scharfe Polemik daran, dass der Gelehrte über bekannte Dingeso widersinnig spreche, wás ihm um so weniger zu verzeihen sei, als er sich hierüber hätte Aufschluss verschaffen können in Folge seiner Freundschaft mit Pompejus. Hiefür aber hat er nur eine Belegstelle, welche vom Besuch des letzteren beim Philosophen im J. 67 handelt. Um mit derselben seinen Vorwurf beweiskräftiger zu machen, fügt er die Paranthese bei: αὖθις δ'ἔμελλε κτλ. Und das konnte er mit vollem Recht[1]). Schon seit seiner Rückkehr aus Spanien hatte ja Pompejus das Augenmerk auf den asiatischen Kriegsschauplatz gerichtet, hatte fortwährend alle Hebel in Bewegung gesetzt, das Ziel seiner Wünsche zu erreichen. Das wusste man und zweifelte nicht an seiner Befähigung, auch den Dingen im Osten eine bessere Wendung zu geben. Hier kämpfte Lukullus seit 74 mit seiner Kriegsführung war man längst unzufrieden, alles vereinigte sich, ihm die Palme zu entreissen. Im J. 67 war die pontische Armee der Römer soviel wie aufgerieben, die armenische in Auflösung, und Mithridates hatte so ziemlich das Verlorene

---

[1]) Auch in den Abschiedsworten, die Posidonius an Pompejus richtete, dürfte eine Hinweisung auf das ἔμελλε καὶ ἐπὶ Μιθριδάτην ὁρμήσειν liegen, denn für Posidonius wie für die anderen Freunde des Pompejus konnte es bei den obwaltenden Umständen nicht zweifelhaft sein, dass letzterer gegen Mithridates in kurzem befehligen werde.

zurückerobert. Daher zweifelte Pompejus nicht, dass er bald dem Könige gegenübergestellt werde, um so mehr, als er gerade in dieser kritischen Zeit gegen die Piraten in den östlichen Gewässern auszog, so nahe dem pontischen Kriegsschauplatze. Damals war er im Bunde mit dem Volke, also seiner Sache sicher, und deshalb hatte er schon damals die Absicht, gleich nach Erledigung seiner Aufgabe in Asien zu bleiben und seine Heere bereit zu halten. Darum die schnelle Beendigung des Krieges, darum sein mildes Verfahren gegen die Seeräuber, darum sein Warten in Asien, obschon nach seinen Berichten alles gethan war. Nicht mit Unrecht also konnte Strabo die Worte einschalten: αὖθις δ' ἔμελλε καὶ ἐπὶ Μιθριδάτην ὁρμήσειν.

Müller [1]) u. a. betrachten unsere Stelle als ein Fragment aus Posidonius. Schwerlich mit Recht. Posidonius hätte dann sicherlich auch jenen Besuch, von dem unter Nro. 2 und 3 die Rede ist, nicht unerwähnt gelassen, und Strabo würde darin einen gewichtigeren Beweis für seine Polemik gefunden haben. Ich glaube, die Notiz stammt aus Theophanes, dessen Werk 62 erschien,[2]) den Strabo gerade im 11. Buche häufig citiert, und der ihm für die Beschreibung Kaukasiens neben Artemidorus aus Ephesus Hauptquelle ist [3]).

Gehen wir nun zur Besprechung der unter Nr. 2 u. 3 mitgeteilten Stellen über. In der ersteren führt uns Cicero den Posidonius als Beispiel eines Mannes vor, der mit wahrhaft stoischer Seelengrösse die Schmerzen zu ertragen vermag. Bake (p. 17) bezieht ihren Inhalt auf das Jahr 67 ‚ad annum piratici belli a. u. 687, quo brevissimo tempore confecto Asiam obiisse Pompeium constat'. Aber abgesehen davon, dass decedere der eigentliche Ausdruck ist für die Rückkehr eines Beamten aus seiner Provinz nach Ablauf ihrer Verwaltung, müsste es wenigstens heissen decedens ex Cilicia, denn Pompejus kam damals gar nicht nach Syrien, sondern blieb in Cilicien, und das πόλεις ἐπερχομένῳ

---

[1]) Fr. 89. Vgl. auch K. J. Neumann, Strabons Länderkunde in Kaukasien, Jahrb. f. kl. Philol. 13. Suppl. B. p. 327.

[2]) Cicero in der 62 gehaltenen Rede pro Archia kennt es bereits (cf. c. 10).

[3]) Nachgewiesen von Neumann in der eben genannten Abhandlung.

(Plut. Pomp. 30), worauf Bake hindeutet, lässt sich doch nicht mit dem decedens ex Syria zusammenbringen. Letzteres kann nur von der Heimreise des Pompejus verstanden werden, als derselbe die asiatischen Verhältnisse geordnet hatte. Im Anfang des Frühjahres 62 schiffte er sich nach Lesbos ein, von da reiste er nach Ephesus, dem Sammelplatze des Heeres und der Flotte, dann begab er sich nach Rhodus, und darauf bezieht sich unsere Stelle.[1]) Für diese Annahme spricht auch die unter Nr. 3 angeführte Stelle bei Plinius, aus welcher Bake (p. 15) einen 3. Besuch herauslesen zu müssen glaubt. Sie besagt, dass Pompejus nach **Beendigung des mithridatischen Krieges** dem Posidonius zu Rhodus einen Besuch abstattete. Auch inhaltlich passen die beiden Stellen recht gut zusammen, denn nach Cicero hat Pompejus den Philosophen hören wollen; da er aber vernahm, derselbe sei leidend, so **suchte er ihn selbst auf** und drückte ihm seine volle **Hochachtung** aus. Ebenso **sucht** nach Plinius der Feldherr den Posidonius **auf**, wohl nur deshalb, weil letzterer krank darniederlag, während sonst sicherlich Posidonius jenem entgegengekommen wäre; auch bei Plinius bezeugte Pompejus dem Gelehrten seine **Hochachtung**, indem er unter anderm dem Liktor verbot, nach der üblichen Sitte mit der Rute an die Thüre zu klopfen.[2]) — Beide Stellen beziehen sich doch wohl auf ein und dasselbe Faktum, das nach Plinius in das Jahr 62 fällt.

Was sollen wir nun mit der unter Nr. 4 angeführten Stelle aus Plutarch anfangen? Auch sie ist auf die Heimkehr des Pompejus bezogen, aber ihr Inhalt widerspricht vollständig dem der beiden eben besprochenen. Von einer Krankheit ist keine Rede, und Posidonius hält in Gegenwart des Pompejus einen Vortrag περὶ τῆς καθ' ὅλου ζητήσεως, also über ein rhetorisches Thema, während er nach Cicero über das bekannte stoische Philosophem nil esse bonum, nisi quod honestum sich verbreitet. Nehmen wir aber die Stelle im Zusammenhalt mit der aus Strabo

---

[1]) Übrigens ist der Begriff „Syrien" wohl nicht im eigentlichen Sinne zu nehmen (Vgl. Strab. XII, 544).
[2]) Vgl. Liv. VI, 34.

citierten, so ergibt sich, dass Posidonius eben in einer wissenschaftlichen Discussion begriffen war (διαλεγομένῳ), als Pompejus bei seiner ersten Ankunft zu Rhodus ihn antraf (παρατυχεῖν), und dass diese Disputation ein rhetorisches Thema zum Inhalte hatte (περὶ τῆς καθ' ὅλου ζητήσεως), welche ἀκρόασις er dann später niederschrieb.

Aber Plutarch setzt den Besuch in die Zeit der Heimkehr des Pompejus aus Asien, während es bei Strabo heisst ἡνίκα ἐπὶ τὸν λῃστρικὸν πόλεμον ἐξῆλθεν. Nach Arnold's Untersuchung[1]) benutzte Plutarch für die vita Pompeii hauptsächlich den Sallust und Theophanes. Oben sagte ich, dass die Notiz bei Strabo höchst wahrscheinlich aus Theophanes stammt, also hätte Plutarch sie nur an unrichtiger Stelle verwertet.

Fragen wir noch nach dem Grunde, der den Pompejus zu solch ausnehmender Hochachtung vor dem schlichten Gelehrten auf Rhodus bestimmen konnte. Der gefeierte Feldherr suchte den Philosophen auf, als er zum Seeräuberkrieg auszog, er wiederholte seinen Besuch, als er nach Unterwerfung des Ostens siegesstolz nach Italien heimkehrte. Und das bloss aus purem Drange, dem Rhodier seine Hochachtung zu bezeigen? — Ich kann mich des Gedankens nicht erwehren, dass dahinter eine kluge Politik steckte. Pompejus musste daran liegen, die öffentliche Meinung der östlichen Welt zu gewinnen, und zwar durch die berufene Stimme eines berühmten Schriftstellers. Sein Günstling Theophanes hatte in etwas ungeschickter Weise dafür gesorgt, die stark aufgetragenen Schmeicheleien konnten nur verdächtig erscheinen. Dazu kommt, dass in Bezug auf seine Vergangenheit Ansichten zu bekämpfen waren, die in Rutilius Rufus (vgl. z. B. fr. 5, Müller III, p. 200) einen äusserst populären Vertreter gefunden hatten. — In wie weit und wie Posidonius des Pompejus Thaten durch ein eigenes Werk verherrlichte (Strab. XI, 491, s. u. fr. 89), muss der Untersuchung über die Schriften des Gelehrten überlassen bleiben.

Zum Schluss dieses Abschnittes möchte ich noch an die Stelle Plutarchs einige Erörterungen knüpfen.

---

[1]) Untersuchungen über Theophanes und Posidonius. Jahrb. f. klass. Philol. 13. Suppl. B. Vgl. S. 83—92.

Posidonius hielt in Gegenwart des Pompejus einen Vortrag περὶ τῆς καθ' ὅλου ζητήσεως d. h. über die quaestio universalis oder θέσις. Das Thema bei Cic. 1. c. nil esse bonum, nisi quod honestum wäre allerdings eine derartige Thesis, und daher meinte man[1]) durch eine solche Erklärung die beiden Stellen bei Plutarch und die bei Cicero zusammenbringen zu können. Allein dem Ausdruck entsprechend war es kein Vortrag über eine Thesis, sondern über die θέσις selbst, und der Zusatz πρὸς Ἑρμαγόραν τὸν ῥήτορα nötigt uns an einen Vortrag rhetorischen Inhalts zu denken, und zwar an einen Vortrag aus der Lehre von der inventio.

Zunächst sei bemerkt, dass wir es hier nicht mit einem lebenden Rhetor Hermagoras zu thun haben (wie mit anderen auch Scheppig meint p. 10: contra praesentem Hermagoram). Schon das Thema weist auf den älteren, den Hermagoras von Temnos, dessen System fortan die eigentliche Grundlage der Rhetorik bildete. Über sein Zeitalter vgl. Blass, griechische Bereds. p. 85. Allerdings hat es mehrere Rhetoren dieses Namens gegeben (vgl. Harnecker, die Träger des Namens Hermagoras, Jahrbücher f. kl. Philol. 1885, p. 69 ff.), aber von einem anderen als dem älteren ist in jener Zeit nichts bekannt, und es wäre doch auffallend, wenn Cicero einen gleichzeitigen rhod. Rhetor dieses Namens mit Stillschweigen übergangen haben sollte. Harnecker hilft sich mit der Änderung πρὸς Ἑρμαγόρειον ῥήτορα für πρὸς Ἑρμαγόραν τὸν ῥήτορα. So bestechend diese Conjektur aussieht, so ist sie doch meines Erachtens nicht nötig, auch unwahrscheinlich. Gerade der bestimmte Hinweis (τὸν ῥήτορα) führt uns auf den allgemein bekannten Hermagoras, den berühmten Rhetor. Allerdings hat Harnecker von seinem Standpunkt aus eine gewisse Berechtigung, an dem τὸν ῥήτορα zu zweifeln, denn in der ganzen Überlieferung bei Plutarch sieht er weiter nichts als eine der damals üblichen Zänkereien, oder, wenn man will, eine öffentliche Disputation zwischen Philosophen und Rhetoren. Aber ein solches Wortgezänk hätte Posidonius doch wohl nicht aufgeschrieben und so der Nachwelt überliefert.

---

[1]) s. Delambrius (biogr. universelle XXXV, 431).

Der Vortrag, den er hielt, handelte von der quaestio universalis, wobei er sich in Gegensatz stellte (ἀντιταξάμενος) zu den Ansichten des berühmten Rhetors Hermagoras. Diese blieben auch nach dessen Tode Gegenstand wissenschaftlicher Discussion. Dazu beachte man, dass gerade die Lehre von der inventio, als der wichtigste Teil der Rhetorik, von Philosophen vielfach seit Aristoteles behandelt wurde, und ganz besonders von den Stoikern. Posidonius hat sich aber auch mit Rhetorik beschäftigt, das beweist seine εἰσαγωγὴ περὶ λέξεως (Diog. Laert. VII, 60; VII, 62, cf. Quint. III, 6), immerhin ein rhetorisches Thema, mag es nun von der rednerischen elocutio speziell oder über den Stil überhaupt gehandelt haben.

Welcher Art der Vortrag gewesen sei, lässt sich natürlich aus der dürftigen Notiz nicht ermitteln. Im Sinne Ciceros (de inv. I, 6), wie Bake p. 232 meint, hat Posidonius kaum polemisiert, denn es wurde ja schon von Hermagoras zugegeben, dass ein Redner nur insoweit sich mit den Thesen zu befassen habe, als sie eben den Hypothesen zu grunde liegen (Quint. II, 21, 22, vgl. Dio Chrys. XXII, 511). Eher sollte man das Gegenteil erwarten. Hermagoras lehnte sich im ganzen an die Stoiker an; das ζήτημα πολιτικόν zerfiel ihm wie bei den Stoikern in θέσις und ὑπόθεσις, und doch sprach er die θέσις wieder dem Redner ab, während wohl Posidonius den stoischen Standpunkt festhielt und sich so in Gegensatz zu Hermagoras stellte. Das πολιτικὸν ζήτημα, gleichviel, ob θέσις oder ὑπόθεσις, wäre ihm dann das gewesen, was die Stoiker unter der κοινὴ ἔννοια umfassten. Für eine Trennung der θέσεις von der rednerischen Behandlung glaube ich demnach nicht, dass Posidonius eingetreten wäre, zumal die Stoiker die Rhetorik als Artbegriff unter die λογικὴ ἐπιστήμη stellten.[1])

---

[1]) Vielleicht bezog sich der Vortrag auf die Statuslehre. Auch diese geht von den Stoikern aus (s. Volkmann, Rhetorik der Gr. u. Röm. 3. Aufl. p. 47). Wenn wir nun bei Quint. III, 6, 31 erfahren, dass der Stoiker Archedemos aus Thasos, wahrscheinlich ein älterer Zeitgenosse des Hermagoras, blos zwei status annahm, den coniecturalis und den definitivus, den Qualitätsstatus dagegen ausschloss, während Hermagoras die Thesen unter letzteren subsumierte (cf. Quint. III, 6, 56), so haben wir auch hier einen Gegensatz zwischen stoischer Lehre und der Theorie des Hermagoras.

IX.

Aus dem Jahre 60 datiert ein Brief des Cicero an Atticus (II, 1), der folgende Notiz enthält: Quamquam ad me scripsit iam Rhodo Posidonius se, nostrum illud ὑπόμνημα quum legeret, quod ego ad eum, ut ornatius de iisdem rebus scriberet, miseram, non modo non excitatum esse ad cribendum, sed etiam plane perterritum. Quid quaeris? Conturbavi Graecam nationem. Ita, vulgo qui instabant, ut darem sibi, quod ornarent, iam exhibere mihi molestiam destiterunt. — Es ist also die Rede von den griechisch geschriebenen Memoiren Ciceros über sein Consulat (vgl. ad Att. I, 19, 10), die Posidonius stilistisch überarbeiten sollte. Mag auch jenes Ansuchen bloss aus Eitelkeit gestellt sein, so ist die Stelle immerhin bezeichnend für die Schreibweise unseres Stoikers. Wie ein Buch über den Stil von ihm existierte (s. o.), so verwandte er auch grosse Sorgfalt auf eine geschmackvolle Darstellung, und in der That zeigen die Fragmente, dass die Ausdrucksweise des Philosophen stets eine gut gewählte war, teilweise blühend und vielfach mit Dichterstellen durchwebt[1]), weit entfernt von jener schmucklosen, am liebsten in schulmässigen Schlussformen sich bewegenden Darstellung eines Zeno und Chrysippus. War er doch der rhetorischen Technik nicht abgeneigt, ja manchmal konnte er sogar in enthusiastischen Ton geraten (vgl. z. B. fr. 48 und Strabo V, 217: οὐκ ἀπέχεται τῆς συνήθους ῥητορείας, ἀλλὰ συνενθουσιᾷ ταῖς ὑπερβολαῖς).

Das letzte bestimmte Datum aus dem Leben des Posidonius gibt Suidas: ἦλθε δὲ καὶ εἰς Ῥώμην ἐπὶ Μάρκου Μαρκέλλου. Selbstverständlich ist an das Consulat des M. Marcellus zu denken, und wir werden sonach auf das Jahr 51 geführt. Gewöhnlich nimmt man an, Posidonius sei damals überhaupt nach Rom übergesiedelt; sonderbar bliebe dann neben anderen Bedenken, dass diese bleibende Niederlassung in Rom durch den Ausdruck ἦλθε δὲ καὶ εἰς Ῥώμην ἐπὶ M. Μαρκέλλου überliefert sein

---

[1]) Vgl. auch Galen. de plac. Hippocr. et Plat. IV, p. 281, 3.

sollte.¹) Das lässt doch eher an eine Art Gesandtschaftsreise denken, und Scheppig hat gewiss Recht, wenn er p. 11 auf Cic. ad fam XII, 15, 2 hinweist, wo Lentulus an den Senat berichtet:... Rhodum reverti confisus auctoritate vestra senatusque consulto, quo hostem Dolabellam iudicaratis; foedere quoque, quod cum his M. Marcello Ser. Sulpicio consulibus renovatum erat etc. Daraus ersieht man, dass i. J. 51 das Bündnis, quo Rhodii iuraverant, eosdem hostes se habituros, quos S. P. Q. R. „neu beschworen wurde, und das setzt eine Gesandtschaft an den Senat voraus, zu welcher wohl niemand geeigneter schien als Posidonius, der früher schon (86) in rhodischen Staatsangelegenheiten zu Rom weilte und dort von Einfluss war durch seine freundschaftlichen Beziehungen zu Pompejus und anderen hochgestellten Persönlichkeiten.

Von jetzt an hören wir nichts mehr über Posidonius, und Bake hält darum 51 für das Todesjahr desselben: qui annus Posidonio vitae ultimus fuit, ut mea sententia est (p. 9). Diese Ansicht ist heute noch die allgemein geltende; da sich aber bei Bake nicht die geringste Spur einer Begründung hiefür findet, so sehe ich mich auch nicht veranlasst, daran festzuhalten.

Gehen wir zunächst zur Besprechung einer Stelle bei Athenäus über, die viel Verwirrung angerichtet hat, ich meine die schon oben citierten Worte (XIV, 657 f): μνημονεύει δ'αὐτῶν (i. e. τῶν περνῶν) Στράβων ἐν τρίτῃ γεωγραφουμένων (cf. Str. III,162), ἀνὴρ οὐ πάνυ νεώτερος· λέγει γὰρ αὐτὸν ἐν τῇ ἑβδόμῃ τῆς αὐτῆς πραγματείας ἐγνωκέναι Ποσειδώνιον, τὸν ἀπὸ τῆς στοᾶς φιλόσοφον. Bake

---

¹) Zeller a. a. O. p. 509 A. 5 hält die Notiz bei Suidas für verdächtig, teils weil Posid. schon zu alt gewesen wäre (nach Bake allerdings), teils weil in den Schriften Ciceros aus jener Zeit von einem solchen Aufenthalte nichts erwähnt ist. Er meint das M. Μαρκέλλου sei durch irgend ein Versehen aus Μαρίου entstanden, und es liege demnach eine Verwechslung mit der Reise von 86 vor. Ich meinesteils bin der Ansicht, dass ein späterer Schriftsteller oder Suidas aus einem M. Μαρκέλλου möglicherweise ein Μαρίου hätte entstehen lassen können, dass er aber umgekehrt aus einem Γ. Μαρίου ein M. Μαρκέλλου gemacht hätte, dünkt mir nicht wahrscheinlich. Bezüglich des Schweigens Ciceros möchte ich gerade aus der Zeller'schen Skrupel folgern, des Posidonius Anwesenheit in Rom falle in den Spätsommer 51, als Cicero bereits nach Cilicien abgereist war (ad fam. III, 3.)

(p. 7) und nach ihm Grosskurd[1]) haben das ἐγνωκέναι so gefasst, dass sie meinen, es nähme Bezug auf καθ' ἡμᾶς bei Strabo XVI, 733 (ἀνὴρ τῶν καθ' ἡμᾶς φιλοσόφων πολυμαθέστατος.)[2]) Nun ist das unmittelbar vorhergehende Citat aus dem 3. Buche richtig; zur Begründung des οὐ πάνυ νεώτερος wird dann angeführt, Strabo habe nach seiner eigenen Aussage den Posidonius gekannt, und da hätte jetzt Athenäus jenes καθ' ἡμᾶς im Auge gehabt, dazu falsch citiert und das 16. mit dem 7. Buche verwechselt, zu all dem die Formel gar nicht verstanden und durch ἐγνωκέναι eigenmächtig wiedergegeben! Ich meine eine solche Erklärung ist etwas zu willkürlich, und man sollte doch wenigstens versuchen, ob das ἐγνωκέναι eine Interpretation zulässt oder nicht.

Vorerst möchte ich mich gegen die mehrmals aufgetauchte und neuerdings wieder von Meyer[3]) (p. 52) benutzte Auffassung wenden, dieses ἐγνωκέναι sei im Sinne eines Schülertums zu verstehen. Von seinem Elementarlehrer Aristodemos sagt Strabo XIV, 650: οὗ διηκούσαμεν, von Xenarchus ibid. 670: οὗ ἠκροασάμεθα ἡμεῖς, von Tyrannion XII, 670: οὗ ἡμεῖς ἠκροασάμεθα, und betreffs des Posidonius, den er für sein Werk als eine Hauptquelle benützt, den er 54mal citiert, dem er wiederholt das höchste Lob spendet, sollte er niemals eine derartige Andeutung gemacht haben, wiewohl sich oft genug Gelegenheit dazu bot, wiewohl er sich später selbst der stoischen Richtung zuwandte? Dazu kommt, dass er sogar einigemal eine gerade nicht zarte Polemik gegen den Philosophen führt (vgl. II, 102; XI, 491, 492), was er,

---

[1]) Vorrede zur Übersetzung Strabos, p. XIV.

[2]) Bake p. 8 will nicht einmal καθ' ἡμᾶς in dem Sinne gelten lassen, dass sich die Lebenszeit des Strabo und Posidonius berühren (neque adeo necesse est hoc ita explicare, ut Strabonis pueritia Posidonii attigerit senectutem etc.) Dass mit καθ' ἡμᾶς oder ἐφ' ἡμῶν eine nicht bloss annähernd zutreffende oder ungenaue Bezeichnung gegeben ist, geht daraus hervor, dass sich bei Strabo mehrmals μικρὸν πρὸ ἡμῶν, κατὰ τοὺς πατέρας ἡμῶν, niemals einfach πρὸ ἡμῶν findet, wornach es keinem Zweifel unterliegen kann, dass der Geograph den unter καθ' ἡμᾶς oder ἐφ' ἡμῶν verstandenen Zeitraum mit seiner Geburt beginnen lässt. Die Stellen, worin ein καθ' ἡμᾶς oder ἐφ' ἡμῶν vorkommt, findet man gesammelt und kurz besprochen bei Clinton (fasti Hellen. III, p. 553 adn.).

[3]) Quaestiones Strabonianae; in den Leipz. Studien für klass. Philol. 2 Bd.

wäre er dessen Schüler gewesen, gewiss in milderen Ausdrücken
gethan hätte. Kurz, wenn nicht Beweise gebracht werden können,
aus dem ἐγνωκέναι allein, lässt sich schlechthin nicht auf ein
Schülerverhältnis zwischen Strabo und Posidonius schliessen, das
Wort dürfen wir demnach nur in dem Sinne nehmen, wie es
steht, und es frägt sich bloss, ob und wann etwa Strabo den
Philosophen kennen lernen konnte.

Bezüglich der Biographie des Geographen sind wir leider
nur auf einige fragmentarische Notizen angewiesen, die er selbst
an verschiedenen Stellen seines Werkes eingeflochten hat. Besonders schwierig ist die Bestimmung der Geburtszeit. Die gewöhnliche Datierung gibt nach Grosskurd (l. c. p. XIII) das
Jahr 66; Hasenmüller[1]) kommt auf 58, Niese[2]) auf 64 oder 63,
und neuerdings hat Meyer[3]) diese Berechnung wieder umgestossen
und verlegt das fragliche Datum auf 68.

Meyers Beweisführung steht auf schwachen Füssen. Er
nimmt mit Bake 51 als Todesjahr des Posidonius, fasst ἐγνωκέναι
im Sinne eines Schülertums und schliesst dann (p. 53), Strabo
müsse vor 51 in Rhodus gewesen sein; derselbe sei aber damals
17 Jahre alt gewesen (usque ad hunc enim annum Graecorum
pueri instrui solebant, dann müsste er also 16 Jahre alt gewesen
sein, und damit schloss auch in der Regel der propädeutische
Unterricht), also sei Strabo nicht später als 68 (soll wohl heissen 67)
geboren. Da die Prämissen äusserst problematisch sind, so wird
auch der Schluss so ziemlich hinfällig. Die Schwäche dieses
seines Hauptarguments fühlte Meyer selbst, denn p. 54 versucht
er einen weiteren vermeintlichen Beweis, womit er aber ebensowenig Glück hat.[4])

---

[1]) de Strabonis geographi vita. Bonn 1863.
[2]) Beiträge zur Biogr. Strabos, Hermes XIII p. 33—45.
[3]) Quaestiones Strabonianae p. 49 sqq.
[4]) Zu diesem Zwecke benutzt er XII, 670, wo Strabo sich als Schüler
des Grammatikers Tyrannion bekennt. Da aber letzterer seit 66 in Rom
weilte, so könne Strabo ihn nur in Rom gehört haben. Für das Todesjahr
des Tyrannion gibt Suidas (v. Τυραννίων Ἐπικρατίδου) die Olympiadenzahl ρπή,
die natürlich falsch ist. Meyer ändert nun in ρπή (was übrigens schon
M. Schmidt in dem lehrreichen Aufsatze über „Dionys den Thraker",

Unter den übrigen Datierungen ist jedenfalls die von Niese herrührende am besten durch Argumente gestützt[1]). Darnach ist Strabo nicht vor 64 und nicht später. als 63 geboren. Somit hat er seinen propädeutischen Unterricht etwa 48 vollendet, denn damals stand er im 17. Lebensjahre. Nun sagt er selbst XII, 568: παρέσχον δὲ καὶ Ῥωμαίοις πράγματα καί τῷ Ἰσαυρικῷ προσαγορευθέντι Πουβλίῳ Σερβιλίῳ, ὃν ἡμεῖς εἴδομεν κτλ. Soll dies richtig sein, so muss er vor 44 in Rom geweilt haben, da Servilius in diesem Jahre starb (vgl Suid. unter Ἀττικὸς Μαρκός, Dio Cass. 45, 16; cf. Cic. Phil II, 5, 12); denn wenn Strabo den Servilius nicht in Rom resp. Italien gesehen hat, wo dann?

Philol. VII, p. 365 gethan hat). Demnach beruht Meyers ganze Deduktion auf reiner Vermutung, wozu noch kommt, dass man der von Bernhardy vorgeschlagenen Conjektur ρκή in paläographischer wie historischer Hinsicht sicherlich den Vorzug geben wird. Doch abgesehen davon, erreicht Meyer nichts weiter, als dass Strabo vor dem J. 46, nach ihm selbst (p. 55) im Jahre 47 in Rom gewesen ist, was ebenso gut möglich wird, wenn wir seine Geburtszeit mit Niese auf 64 oder 63 ansetzen.

[1]) Wenigstens sind die beiden Stellen, auf welche Niese aufmerksam gemacht hat (XII. 562 und 567), am geeignetsten, sichere Anhaltspunkte zu bieten, nur möchte ich der ersteren eine etwas andere Interpretation geben. Strabo beschreibt XII, 544 die Grenzen von Paphlagonien und sagt dann, den nördlichen Teil, auch einige angrenzende Gebiete des inneren Landes, habe Eupator besessen, τὰ δὲ λοιπὰ δ' ἦν ὑπὸ δυνάσταις καὶ μετὰ τὴν Μιθριδάτου κατάλυσιν, und von diesem Binnenlande, das also vor wie nach dem Sturze des Mithridates seine eigenen Fürsten hatte, berichtet er XII, 562: ταύτης δὲ καίπερ ὀλίγης οὔσης μικρὸν μὲν πρὸ ἡμῶν ἦρχον πλείους, νῦν δὲ ἔχουσι Ῥωμαῖοι τοῦ γένους τῶν βασιλέων ἐκλιπόντος. Niese meint p. 38, die Änderung, welche kurz vor Strabos Geburt dieses Stück Paphlagoniens an mehrere Dynasten verteilte, sei von Pompejus ausgegangen. Meiner Ansicht nach ist aus dem μικρὸν μὲν πρὸ ἡμῶν herauszulesen, dass jener Zustand zur Zeit Strabos nicht mehr bestand. Nun heisst es XII, 541, Pompejus habe nach dem Sturze des Mithridates einige Stücke des inneren Landes den Nachkommen des Pylämenes überlassen, also bei der Neuordnung der Provinz Pontus im Winter 65/64 (Drumann IV, 450; Lange, Röm. Altert. III, 254). Nach Appian (Mithr. c. 114), war dieser Nachkomme des alten Königsstammes bloss Attalus, Eutropius VI, 14 nennt Attalus et Pylaemenes, was vielleicht auf einem Missverständnis beruht, und aus einem Attalus Pylaemenio oder einem Attalus mit dem ihm zukommenden Cognomen Pylaemenes entstanden sein mag (bei Plinius VI, § 5 heisst auch das paphl.

In Asien kämpfte derselbe anno 78, später hielt er sich meist in Italien auf ‚und Dio Cass. 1. c. nennt ihn ὑπεργήραν. Die Grosskurd'sche Meinung, der jüngere Isauricus[1] sei gemeint, widerlegt sich, abgesehen von dessen Unberühmtheit, leicht von selbst, denn an genannter Stelle ist nur von Thaten die Rede, welche dem älteren zukommen.

Also nach 48 und vor 44 ist Strabo in Rom gewesen. Das scheint noch ein anderes Indicium wahrscheinlich zu machen. Er bekennt sich nämlich (XII, 670) als Schüler des Grammatikers Tyrannion aus Amisos. Dieser aber lehrte zu Rom, wohin er von Lukullus (ὅτε κατεπολέμησε Μιθριδάτην) als Kriegsgefangener gebracht worden war (Suidas)[2]. Es liegt nahe, dass Strabo zum Volk gens Pylaemenia). Fassen wir also das Ganze zusammen, so ergibt sich, dass bis 64 mehrere Fürsten herrschten, dann kam, durch Pompejus eingesetzt, der alte Königsstamm wieder zur Regierung mit dem Pylämeniden Attalus. Das ἦρχον πλείους bei Strabo dürfte durch Justin. 38, 2 bestätigt werden, wornach der Senat dem Nikomedes Paphlagonien nahm und mit der Freiheit beschenkte Es ist naheliegend, dass dieselbe nicht lange ertragen wurde und einzelne Edle sich zu Herrschern aufwarfen, bis endlich Pompejus dem angestammten Fürstenhause wieder zum Thron verhalf. — Mit dieser Interpretation möchten sich auch die Bedenken Meyers p. 57 sq. heben. — Der zweite Terminus, welchen Niese p. 40 aus Strabo XII, 657 eruiert, indem er die daselbst erwähnte Dreiteilung Galatiens auf Pompejus zurückführt (Ende 63 oder Anfang 62), hat zum mindesten grosse Wahrscheinlichkeit. Meyer wendet p. 50 dagegen ein: neque ex XII, 657 certi quidquam elici potest . . ., cum, quo tempore Galatia ad tres regulos venerit, plane ignoremus Dieses plane ignoremus möchte ich doch nicht so brevi manu unterschreiben; berufene Kenner der röm. Geschichte, unter ihnen Mommsen (V, 312), sind derselben Ansicht. Es lässt sich auch nicht leicht irgend ein anderer Zeitpunkt dafür ausfindig machen. Man bedenke ferner, dass Mithridates gegen den galatischen Adel arg gewütet hat; dadurch gingen jedenfalls mehrere Tetrarchien ein, die einzelnen Gemeinden schlossen sich eng aneinander, und schliesslich wurde dann wohl endgültig durch Pompejus entschieden, dass es bei je einem Fürsten für jeden der drei Hauptstämme der Galater zu verbleiben habe. (Das τέσσαρσι δυνάσταις bei App. Syr. 30 beruht vielleicht auf einem Missverständnis von τετράρχαις).

[1] Consul mit Caesar 48, verwaltete 45 Asien. Vgl. Cic. ad fam. 4, 5, 4.
[2] Die ἀκμή des Tyrannion (denn das bedeuten die Worte γεγονὼς ἐπὶ Πομπηίου) setzt Suidas richtig in die Zeit des Pompejus. Über Tyrannion vgl. Planer, de Tyrannione grammatico commentatio, Progr. des Joachimsthaler-Gymn. Berl. 1852. S. auch Daub, Studien zu den Biographica des Suidas, p. 102 fg.

Zwecke der höheren Studien, d. h. nach 48, in die Weltstadt sich begab. Das wäre also 47. Der Weg führte ihn über Rhodus, und so konnte er leicht den Posidonius kennen lernen oder besser, kennen zu lernen suchen. Hält man demnach an ἐγνωκέναι fest, und es besteht kein Grund es anzuzweifeln, weil kein Grund ersichtlich ist, wie Athenäus dazu gekommen sein soll, so muss Posidonius 47 noch am Leben gewesen sein.

X.

Wir schreiten nun zur Bestimmung des Todesjahres unseres Stoikers. C. Müller (l. c. p. 245 cf. 251) folgert aus Plut. Brut. c. 1 (= fragment 47,[1]) Posidonius müsse nach Caesars Tod noch gelebt, sogar geschriftstellert, d. h. au dem zweiten Teil der ἱστορίαι (was Müller unter der von Strabo XI, 492 erwähnten vita Pompeii versteht) gearbeitet haben. Allein jene Stelle kann ebensogut vor der Katastrophe geschrieben sein; sie enthält keinerlei Hindeutung auf Caesars Ermordung, Posidonius redet bloss von dem Geschlechte der Junier und tritt für die patricische Abkunft derselben ein. Dass damals diese Frage vielfach erörtert wurde, geht meines Erachtens schon aus den Worten des Posidonius hervor, denn die Geschichte von einem dritten Sohn des alten Junius Brutus und die Ähnlichkeit zwischen den Gesichtszügen der Bildsäule des letzteren und denen einiger späterer Junier wird doch wohl nicht erst nach Caesars Ermordung entdeckt worden sein. Die Junier waren Emporkömmlinge und vor noch nicht sehr langer Zeit zu höheren Ämtern gelangt (Plut. Brut. c. 1); es musste ihnen daran liegen, ihren Stammbaum auf Ahnen zurückzuführen, welche sich in der Geschichte des römischen

---

[1] Ποσειδώνιος δ' ὁ φιλόσοφος τοὺς μὲν ἐνηλίκους φησὶν ἀπολέσθαι τοῦ Βρούτου παῖδας, ὡς ἱστόρηται· τρίτον δὲ λειφθῆναι νήπιον, ἀφ' οὗ τὸ γένος ὡρμῆσθαι· καὶ τῶν γε καθ' αὐτὸν ἐκ τῆς οἰκίας γεγονότων ἐπιφανῶν ἀνδρῶν ἀναφέρειν ἐνίους πρὸς τὸν ἀνδριάντα τοῦ Βρούτου τὴν ὁμοιότητα τῆς ἰδέας.

Volkes einen Namen erworben hatten. Dass sie zu diesem Behufe jenes alte Geschlecht heranzogen, ist doch sehr naheliegend, ebenso auch, dass diese Abstammung von andern angezweifelt wurde. Man vergleiche Corn. Nep. Att. 18: familiarem originem subtexuit (scil. Atticus), ut ex eo clarorum virorum propagines possimus cognoscere. Das geschah in den Annalen, welche sicher vor 46 abgefasst sind, denn Cicero erwähnt sie bereits im Brutus (z. B. V, 19). Als Freund des M. Brutus wird Atticus dessen Stammbaum hier nicht übergangen haben. Man beachte ferner Nep. Att. 18: fecit hoc idem separatim in aliis libris, ut M. Bruti rogatu Juniam familiam a stirpe ad hanc aetatem ordine enumeravit.[1]) Auch dieses Werk ist jedenfalls vor 44 entstanden, da Brutus nach Cäsars Ermordung wohl kaum auf derlei Ehrensachen denken mochte, zu einer Zeit, da er sich in Rom selbst nicht mehr recht sicher fühlte[2]), die Stadt bald verliess[3]) und auf jede Rückkehr verzichtete.[4]) Einen unumstösslichen Beweis aber, dass schon vor dem Jahre 44 jene Ansicht bestand, gibt Cicero in seinem zu Anfang 46 verfassten Brutus; da lesen wir 14,53: Quis enim putet aut celeritatem ingenii L. Bruto, illi nobilitatis vestrae principi, defuisse?[5]) Man vergleiche auch die Stelle bei Nic. Damasc. (c. 19), der in seinem Raisonnement über die Ursachen und Motive zur Verschwörung unter anderem sagt: ... πολλὰ δ' ἐξώτρυνε ἡ ἐκ παλαιοῦ Βρούτοις ὁποῦσα εὔκλεια.

Der Grund also, den Müller anführt, ist nicht stichhaltig, und er kann seine Behauptung, Posidonius habe 44 noch gelebt, damit um so weniger stützen, als letzterer dann nicht viel länger als ein Jahr Schüler des Panätius gewesen wäre. Sollte er dem-

---

[1]) Damit ist durchaus nicht ausgeschlossen, dass dieser Stammbaum des Brutus schon in dem Hauptwerke seinen Platz gefunden hatte; wurde ja auch die berühmte Familie der Scipionen und der Fabier separat behandelt, die in den Annalen unmöglich fehlen konnte (vgl. Nep. Att. 18).

[2]) Cic. ad. Att. 14, 5, 2; 14, 8, 2; 14, 12, 2; 14, 16, 2; 15, 20, 2; ad fam. 11, 1, 1.

[3]) Cic. ad Att. 14, 7, 5.

[4]) Cic. ad Att. 14, 10, 1; Plut. Brut. 21; id. Cic. 42, Ant. 15; Dio Cass. 47, 20.

[5]) Ähnlich später Tusc. IV., 1, 2; cf. auch Phil. I. § 13.

nach seine wissenschaftlichen Studien nicht abbrechen, so hätte er noch andere Lehrer gehört, um nur die allgemein übliche Ausbildung sich zu erwerben. Nun wird aber gerade Posidonius immer als der berühmteste Schüler des Panätius hervorgehoben; er wird mit demselben meist zusammen genannt; er hat dessen System voll und ganz in sich aufgenommen, weitergebildet und vervollständigt; er hat endlich das Werk seines Lehrers über die Pflichten, welches dieser unvollendet hinterlassen, zu Ende geführt[1]): das alles lässt doch auf einen mehrjährigen Umgang mit dem berühmten Philosophen schliessen, auf einen bevorzugten Verkehr, der allein ihn einweihen konnte in die tiefen Ideen des Meisters, und der den Jüngling fesselte, bis jenen der Tod ihm von der Seite riss, eines Verkehrs also, der mindestens die Jahre umfasste, welche die Vollendung der höheren Studien erheischte.

Nun ist oben gezeigt, dass Posidonius 47 noch lebte; nach Luc. macr. 20 ist er 84 Jahre alt geworden; Panätius ist 110 oder wenigstens zu Anfang 109 gestorben; Posidonius muss also beim Tode seines Lehrers etwa 20 Jahre alt gewesen sein, wenn wir nur einen drei- bis vierjährigen Unterricht bei demselben annehmen, da die höheren Studien nicht vor dem 17. Lebensjahre zu beginnen pflegten; Posidonius kann demnach nicht vor 47 und nicht nach 46 gestorben sein, womit wir auf etwa 130 als sein Geburtsjahr zurückkämen (s. o.).

Vielleicht darf man hier auch die schon oben citierte Stelle aus Ciceros Tusculanen (V, 37) heranziehen, wo Posidonius unter jenen Männern aufgeführt wird, qui semel patria egressi num-

---

[1]) Die Schrift des Posidonius περὶ καθήκοντος ist bloss eine Vollendung des gleichnamigen Werkes seines Lehrers. Vgl. Cic. ad Att. XVI 11: τὰ περὶ τοῦ καθήκοντος, quatenus Panaetius, absolvi duobus, illius tres sunt. Sed cum initio dividisset ita, tria genera exquirendi officii esse; unum, cum deliberemus, honestum an turpe sit, alterum, utile an inutile, tertium, cum haec inter se pugnare videantur, quomodo judicandum sit etc. De duobus primis praeclare disseruit, de tertio pollicetur se deinceps: sed nihil scripsit. Eum locum Posidonius persecutus. Posidonius setzte also da ein, wo Panätius aufgehört, bei der quaestio: cum haec inter se pugnare videantur etc. Diese Fortsetzung muss nicht allseitig genügend gewesen sein, wenn man Cic. Off. III, 2 und III, 7 vergleicht; sie ist wohl nach Vorträgen oder hinterlassenen Papieren des Panätius gefertigt.

quam domum reverterunt. Das konnte Cicero doch wohl nur schreiben, wenn Posidonius bereits tot ist. Nun sind die Tusculanen allerdings erst 44 vollendet, allein Cicero fingiert, dass im Jahre 46, zur Zeit als Brutus ins cisalpinische Gallien abgereist war, mehrere Freunde auf seinem Landgute zusammenkamen und ihm die Fragen vorlegten, auf welche er in besagter Schrift antwortet (I, 4, 8). Ich möchte hier den Cicero um so weniger eines Anachronismus beschuldigen, als, wie schon oben (S. 16) hervorgehoben wurde, die an genannter Stelle vorkommenden Namen mit einer gewissen Bedächtigkeit zusammengestellt und nur Personen angeführt sind, welche damals bereits zu den Verstorbenen zählten.

Auf den Lehrstuhl der rhodischen Stoa folgte dem Posidonius sein Schüler und Tochtersohn Jason aus Nysa. Vgl. Suidas: Ἰάσων Μενεκράτους, Νυσαεὺς ἐκ πατρός, ἀπὸ δὲ μητρὸς Ῥόδιος, φιλόσοφος, μαθητὴς καὶ θυγατριδοῦς καὶ διάδοχος τῆς ἐν Ῥόδῳ διατριβῆς Ποσειδωνίου τοῦ φιλοσόφου.[1])

Unter den übrigen Schülern des Gelehrten (οἱ περὶ Ποσειδώνιον cf. Suid. unter ἀρετή) sind besonders genannt: Phanias und Asclepiodotus. Ueber ersteren vergl. Diog. Laert. VII, 41: Φανίας ὁ Ποσειδωνίου γνώριμος[2]) ἐν τῷ πρώτῳ τῶν Ποσειδωνείων σχολῶν,[3]) über Asclepiodotus Sen. nat. quaest. II, 26, 6; VI, 17, 3 u. ö. Die Taktik desselben (τακτικὰ κεφάλαια[4]) beruht vielleicht auf Vorträgen seines Lehrers. Gewöhnlich wird auch Athenodorus aus Tarsus, Sohn des Sandon und Lehrer des Kaisers

---

[1]) Eudoc. viol. p. 396 ed. Flach. cf. Müller, script. rer. Alex. M. pag. 159 sq. Nach Suidas schrieb er βίους ἐνδόξων καὶ φιλοσόφων διαδοχὰς καὶ βίον Ἑλλάδος ἐν βιβλ. δ' und περὶ Ῥόδου. Die Vermutung Bernhardys, dass die beiden ersteren Werke eigentlich nur ein einziges waren βίους καὶ διαδοχὰς φιλοσόφων ἐνδόξων hat grosse Wahrscheinlichkeit; βίος Ἑλλάδος gehört vielleicht dem unmittelbar vorher genannten Ἰάσων Ἀργεῖος, ἱστορικός an. (Bei Suidas steht dabei κατά τινας).

[2]) γνώριμος hier wie bei Παναίτιος, Διογένους. γνώριμος. Vgl. Hesych. ed. Schmidt p. 438 : γνώριμοι· μαθηταί.

[3]) S. Einleitung.

[4]) S. H. Koechly in der Sammlung der Taktiker, 2. Teil, Lpz. 1855; Fr. Osann, der Taktiker Asklepiodotus, in d. Zeitschr. f. Altertumsw. 1853, 4. Heft, S. 311 fg. und Koechly ebendá, 1854, 1. Heft.

Augustus, als Schüler des Posidonius angenommen (s. Müller, fragm. hist. Gr. Vol. III, 485, woselbst auch die betr. Stellen über ihn zu finden sind). Ueber das Verhältnis des Geminus zu Posidonius vgl. Blass, de Gemino et Posidonio, Kiel 1883.

Eine Büste des Posidonius in der Sammlung Farnese mit dem Namen ΠΟΣΕΙΔΩΝΙΟΣ an der Tunika wurde zuerst bekannt gemacht durch F. Ursinus. Man findet sie abgebildet und besprochen bei Clarac (Musée de sculpture, T. VI. tab. 1028 Nr. 2942). Die schöne Statue im Louvre (Clarac T. III. tab. 327 Nr. 2119), aus der Villa Borghese stammend,[1]) wurde früher verschieden gedeutet, gilt aber jetzt allgemein für das lebensvolle Bild des rhodischen Philosophen. Der Gelehrte, nur mit einem Pallium bekleidet, ist sitzend dargestellt und scheint eben einen Vortrag zu halten oder in einer Disputation begriffen zu sein; in dem hageren Antlitze und in der ganzen Form des Körpers zeigt sich das höhere Greisenalter.[2])

Berger publizierte im Thesaurus Brandenburgicus (Tom. I. p. 276) eine Silbermünze, deren Avers einen lorbeerbekränzten, lockigen Kopf, der Revers eine mächtige Schiffsprora mit der Umschrift ΠΟΣΕΙΔΩΝΙΟΣ zeigt,[3]) und bezog dieselbe auf Posidonius von Olbia, dessen Portrait uns in dem Kopfe erhalten sei. Hiezu bestimmte ihn das bei Suidas unter Ποσειδώνιος Ὀλβιοπολίτης angeführte Werk περὶ ὠκεανοῦ, worauf die Schiffsprora hindeuten soll. Allein dasselbe ist an unrichtiger Stelle eingereiht, es gehört dem Rhodier an, und Strabo hat mehrere Fragmente daraus mitgeteilt. Zudem müsste die Münze als eine ausserordentliche statuiert werden, geprägt zu Ehren des Olbiopoliten einzig wegen der angeblichen Schrift, denn auf Münzen von Olbia findet sich weder ein Portrait, das von Kaisern ausgenommen, noch eine

---

[1]) Die Statue ist nach Clarac 1,164 m hoch; die Nase, der halbe rechte Vorderarm und ein Teil des linken Beines sind neu.
[2]) Büste und Statue auch abgebildet in Weissers Bilderatlas zur Weltgeschichte, Taf. 33, Nr. 8 und 9.
[3]) Ob die Münze noch existiert oder nicht, darüber konnte ich mir keinen Aufschluss verschaffen. Bei den Schicksalen der brandenburgischen Sammlung (vgl. Friedländer, das k. Münzcabinet in Berlin, 1877) ist es sehr leicht möglich, dass sie eingeschmolzen worden oder verloren gegangen ist.

Prora, sondern meist Köcher mit Bogen und Pfeilen, die Streitaxt oder der Merkuriusstab (vgl. Blaramberg, Choix de médailles antiques d'Olbiopolis, Paris 1822). — Es ist die betr. Münze aber auch kaum auf unsern Philosophen Posidonius zu beziehen. Die Umschrift liesse sich nötigenfalls erklären, denn rhodische Münzen geben mehrmals den Namen des jeweiligen Prytanen (s. o. S. 46), allein alles andere steht hindernd im Wege. Der lorbeerbekränzte, jugendlich schöne Kopf kann nicht gut ein Portrait des Stoikers sein, man möchte eher einen Apollo darin erkennen, der uns aber auf rhodischen Münzen als strahlenumkränzter Helios begegnet; auch die Schiffsprora kommt nicht vor, sondern der Revers zeigt meist das Symbol der Insel, die Rose (nach Spanheim die Granatblüte). Nimmt man eine eigens hergestellte Ehrenmünze an, so ist nicht leicht ein Grund hiefür zu finden, abgesehen davon, dass auch dann die Typen auffallen müssen. Die Münzwerke geben keinen Aufschluss; vor allem aber wäre es notwendig, das Original selbst einzusehen, denn mit Hilfe der Abbildung bei Berger lässt sich ein sicheres Urteil nicht bilden; die Münzen folgen bei ihm in Form und Grösse nicht getreu den Originalen,[1]) sie sind in regelmässige Kreise gefasst, ihre Typen vergrössert und zugestutzt. Trotzdem kann ich nicht umhin, stark daran zu zweifeln, ob wir es überhaupt mit einer echten Münze zu thun haben. Gefälschte Münzen sind für die brandenburgische Sammlung genug angekauft worden (vgl. Friedländer, das k. Münzcabinet, Einleitung S. 9), und Berger selbst war nicht der Mann, Echtes von Unechtem streng zu scheiden.

---

[1]) Vgl. Berger selbst im Thes. I. praef.

Anhang.

I.

Zu Fragm. 96 = Strab. III, 170 (S. 33). Posidonius gibt uns hier Aufschluss über die vielgenannten Herkulessäulen. Die Alten wussten nicht recht, worauf sie dieselben beziehen sollten, denn eigentliche Säulen gab es nirgends an der Meerenge. Gewöhnlich verstand man darunter die Vorgebirge Calpe und Abyla (Mela I, § 27; II, 95; Strab. XVII, 827; Ampel. lib. mem. VII, 2; vgl. Heeren, Ideen über die Politik, den Verkehr und den Handel der alten Welt, II, 46). Für das Glaubwürdigste hält Posidonius, was die Iberer und Libyer hierüber sagen. Diese, so berichtet er, nehmen die Säulen bei Gades an, und zwar verstehen sie darunter wirkliche Säulen, nämlich die im Herkulestempel befindlichen, ehernen, acht Ellen hohen, auf denen die Baukosten des Tempels (?) verzeichnet seien.

Gades war eine tyrische Kolonie (die Gründungssage bei Strab. III, 169). Das wird mit grosser Übereinstimmung von den Alten berichtet (cf. z. B. Strab. III, 169, 170; Vell. Pat. I, 2; Mela III, § 46; Plin. n. h. V, 76; Curt. IV, 4; Lucan. Phars. VII, 187; Justin XLIV, 5, 1). Wenn die Stiftung mitunter den Karthagern beigelegt wird (Avien. ora mar. V, 111; Isid. orig. XV, 1, 72; Vitr. X, 13), so beruht das nur auf der häufigen Verwechslung der Karthager (Punier) mit den Phöniziern. Der Cult im Herkulestempel zu Gades war ganz nach dem Muster der Mutterstadt Tyrus eingerichtet (cf. Diod. V, 20; Arrian. Anab. II, 16: Justin. XLIV, 5 und besonders Appian, Hisp. c. 2. Mela l. c, Sil. It. III, 24 und Philostr. Ap. Tyan. V, 4 geben den Cult als ägyptisch an, welche Differenz sich leicht ausgleicht, da beide Herakles, der ägyptische und phönizische, ursprünglich dieselben sind und auf gleiche Art bei den Ägyptiern und Phöniziern verehrt wurden. Nachweis bei Movers, die Phönizier, I, cap. 11). Demnach durften auch die Säulen nicht fehlen, die nach Herodot II, 44 im tyrischen Tempel aufgestellt waren. Da Posidonius selbst im gaditanischen Heiligtum verweilte (fr. 95), so haben wir keinen Grund an seiner Angabe zu zweifeln. Uneinig war man auch über die Zahl der Herkulessäulen (cf. Hesychius: στήλας διστόμους· τινὲς τάς Ἡρακλείους στήλας, ἔνιοι αὐτὰς νήσας εἶναί φασιν, οἱ δὲ προσχώματα, οἱ δὲ τῶν ἠπείρων ἄκρας, οἱ δὲ πόλεις καὶ οἱ μὲν δύο, οἱ δὲ τρεῖς, οἱ δὲ μίαν, οἱ δὲ τέσσαρας). Es waren ihrer jedenfalls zwei, gerade wie im Tempel zu Tyrus.

Wir haben demnach säulenartige Symbole des tyrischen

Stammgottes, des Bal-Melqart, des Königs der Stadt, anzunehmen. Deren gab es zweierlei, obeliskenartige Spitzsäulen, Symbole des Herakles als Feuergott resp. Sonnenwesen (Movers I, cap. 10), wie die smaragdne zu Tyrus (Herod. II, 44; Theophr. de lap. p. 394 ed. Heyne und Plinius XXXVII, 75 mit Berufung auf Theophrast), und mit Kapitälern versehene, Symbole des Herakles-Saturnus (Movers I, cap. 11), wie die goldene zu Tyrus (Herod. l. c.). Von der letzteren Art waren nach Philostr. (Ap. Tyan. V, 5) auch die Säulen zu Gades. Die Symbolik dieser Säulen mit Kapitälern ergibt sich aus der Bedeutung des Herakles als Manifestation des Saturnus (Movers, I p. 255; 392; 555), als Vertreter der obersten Gottheit, des El κατ' ἐξοχήν, des alten Bel, des höchsten welterhaltenden Princips (κοσμοκράτωρ). Die Grundidee dieses phönizischen Gottes ist also die Function der Welterhaltung. Darum tritt er in der Mythe auch als Kampfheld auf gegen jene zu Wesen personifizierten Elemente, die der Weltordnung feindselig entgegenstehen. Durch ihn besteht demnach die Welt ewig gleich und unverändert, und so konnte er symbolisch passend als Säule dargestellt werden. Die Säule bezeichnet ja nach Clemens Alex. Stromm. I, 25, p. 418 τὸ ἑστὼς καὶ μόνιμον τοῦ θεοῦ. Das Kapitäl, die Welt, erhält durch die Säule, die Weltordnung, ihre feste Stütze und sichere Grundlage, und so erklärt sich auch die spätere Umdichtung der Herkulessäulen zu wirklichen, den Himmel tragenden Säulen. Wenn die Säulen in Gades früher auch Säulen des Kronos hiessen (Aristot. bei Aelian. var. hist. V, 3), so kommt das auf dasselbe hinaus.

Aber was sollen wir mit den angeblichen Schriftzeichen anfangen? Es scheint doch unglaublich, dass auf heiligen Symbolen die Baukosten des Tempels verewigt sein sollten. Man beachte die Stelle bei Philostratus (Ap. Tyan. V, 5): τὰς δὲ ἐν τῷ ἱερῷ στήλας χρυσοῦ μὲν πεποιῆσθαι καὶ ἀργύρου ξυντετηκότοιν ἐς ἓν χρῶμα, εἶναι δὲ αὐτὰς ὑπὲρ πῆχυν τετραγώνου τέχνης, ὥσπερ οἱ ἄκμονες, ἐπιγεγράφθαι δὲ τὰς κεφαλὰς οὔτε Αἰγυπτίοις οὔτε Ἰνδικοῖς γράμμασιν, οὔτε οἵοις ξυμβαλεῖν. Auch hier ist von einer Inschrift die Rede, in der man aber keine der bekannten γράμματα zu entdecken vermochte. Philostratus führt dann fort: ὁ δὲ Ἀπολλώνιος. ὡς οὐδὲν οἱ ἱερεῖς ἔφραζον, οὐ ξυγχωρεῖ μοι, ἔφη, ὁ Ἡρακλῆς ὁ Αἰγύπτιος μὴ οὐ λέγειν, ὁπόσα οἶδα · γῆς καὶ ὠκεανοῦ ξύνδεσμοι αἵδε αἱ στῆλαί εἰσιν, ἐπεγράψατο δὲ αὐτὰς ἐκεῖνος ἐν Μοιρῶν οἴκῳ, ὡς μήτε νεῖκος τοῖς στοιχείοις ἐγγένοιτο μήτε ἀτιμάσειαν τὴν φιλότητα, ἣν ἀλλήλων ἴσχουσιν. Er will also damit sagen: Ordnung und Regelmässigkeit, d. h. Harmonie, bezeichnen den ewig gleichen Gang der Natur, sie bilden die Weltordnung, sie sind also ein unabänderliches Gesetz; und eben weil dieses Gesetz der Harmonie, wodurch kein Streit unter den Elementen entsteht (ὡς μήτε νεῖκος τοῖς στοιχείοις ἐγγένοιτο), ein unabänderliches ist, ein Gesetz der Notwendigkeit, darum ist es geschrieben im Hause der Parzen, die fort und fort über dasselbe Obhut tragen.

Herakles nun hat dieses ewige Gesetz, die Himmelsordnung, auf die Kapitäler jener Säulen geschrieben, und zwar in geheimnisvollen Zeichen, in denen nach Philostratus niemand irgendwelche Buchstaben zu erkennen vermochte. Mystische, symbolische Zeichen, angebracht am Symbole des Himmels — was werden das anders gewesen sein als astrologische, und zwar planetarische Zeichen? Die Planeten wandeln ewig gleich dieselbe Bahn, sie ordnen durch ihren regelmässigen Auf- und Niedergang die Zeit und die daran sich knüpfenden Vorgänge in der Natur — sind also selbst wieder Symbole der Weltordnung. Dazu kommt, dass der Planetendienst die Grundlage der alten Astrologie bildete, ja der κοσμοκράτωρ selbst, der alte Bel, Saturnus gehört ursprünglich unter sie und wurde erst später zu einem solarischen Wesen.

Derart also waren wohl jene geheimnisvollen Zeichen, und weil sie so sonderbar aussahen, weil niemand sie zu lesen verstand, so nahmen die Gaditaner zu jener Interpretation ihre Zuflucht, dass sie sagten, es seien die Baukosten des Tempels damit verewigt.

Solche Säulen, auf denen die Himmelsordnung niedergeschrieben war, werden vielfach erwähnt, und bald ist es Hermes (cf. z. B. Manetho, apotelesm. lib. V, 1 sq.), bald Taaut (so bei Sanchun.), bald Herakles, denen die Abfassung beigelegt wird. Vgl. auch Theophilus ad Antol. III, 2: Τί ὠφέλησε Πυθαγόραν τὰ ἄδυτα καὶ Ἡρακλέους στῆλαι. Wegen seiner Kenntnis der himmlischen Dinge (also seiner astrologischen Kenntnis) ist Herakles auch als μάντις φυσικός bezeichnet (cf. Herodorus, fr. hist. Gr. II, p. 34 fr. 24); in Tyrus ist er Inhaber geheimer Wissenschaft (Ἡρακλῆς φιλόσοφος ὁ λεγόμενος Τύριος Chron. Pasch. T. I, p. 78); dies wird namentlich auch von dem gaditanischen gerühmt (Philostr. Ap. Tyan. V, 4; cf. Serv. ad Aen. I, 741), und so erklärt sich auch das Orakel daselbst (Dio Cass. 77, 20).

II.

Zu Fragm. 48 (S. 33). Die Sage von der Entdeckung der iberischen Silberbergwerke durch einen Waldbrand teilt ausführlich Diodorus Siculus mit (V, 35). Vgl. Lucr. de rer. nat. V, 1242 sqq. Sie ist jedenfalls sehr alt, wohl phönizischen Ursprungs und hängt vielleicht mit den Kabirenmythen zusammen. Die

Hirten bei Diodor erhalten ein auffallendes Analogon in den Καβείροις ἀγρόταις (Sanchun. bei Phil. Bybl. in Müllers fragm. hist. Gr. III, p. 569, 25). Diese ἀγρόται nennt Sanchuniathon l. c. p. 567, 10 auch ἀλῆται. Polybius X, 10, 11 erwähnt unter den in der silberreichen Umgegend von Carthago nova verehrten Kabiren einen ἀλήτης, den Movers (II, 2 p. 99) mit dem kabirischen Kadmos-Hermes identifiziert; ferner nennt er ihn den εὑρετὴς τῶν ἀργυρείων μετάλλων. Soll doch Kadmos auch den Bergbau am goldreichen Pangaeus in Thracien entdeckt und das Ausschmelzen der Metalle erfunden haben (cf. Hygin. fab. 274; Plin. n. h. VII, 197). Die Kabiren waren überhaupt in der phönizisch-turdetanischen Sage mit dem Bergbau beschäftigt; man vergleiche nur die Darstellung derselben als gedrungene, den Hammer schwingende Zwerggestalten auf Münzen von Cossura in Gesen. mon. script. Phoen. tab. 39, Text p. 298. Der Hauptkabire Chusor (= Hephaistos), der ganz besonders in Turdetanien verehrt wurde, hat nach Sanchuniathon (l. c. 566, 8) mit seinem Bruder die Bearbeitung der Metalle erfunden. Vgl. seine Darstellung auf Münzen von Malaca (Gesen. l. c. tab. 41). Metallarbeit und Feuer stehen im innigen Zusammenhang, und bei Chusor darf man vielleicht an das in den Erdminen das Erz schmelzende Feuer denken, allerdings erst in der späteren Umbildung der phönizischen Mythen. Die Kabiren galten auch als Pätaken oder Schiffsgötter, sonach als Erfinder der Schiffahrt; merkwürdigerweise knüpft hier die Sage ebenfalls an einen Waldbrand an (vgl. Sanchun. l. c. 566, 8).

Auf die Kabiren und ihre Feuerarbeit lässt sich also wohl unsere Sage zurückführen. Ursprünglich war dieselbe sicherlich eine allgemeine und wanderte später mit den Phöniziern nach Iberien, wo sie sich lokalisierte als entsprechender Ausdruck für den Reichtum des Landes an edlen Metallen. Zunächst blieb sie auch dort noch unbestimmt; so sagt z B. der Verfasser des unter dem Namen des Aristoteles coursierenden Buches περὶ θαυμασίων ἀκουσμάτων c. 88 bloss, ein Wald habe in Iberien gebrannt; Posidonius spricht ebenfalls nur von Wäldern, die gebrannt hätten (vgl. auch Sen. ep. 90). Mit Erweiterung der geographischen Kenntnis, und als man von den Pyrenäen hörte, mag nun das Wort iberisch oder keltisch sein, da gab dann dieser fremde Name den Griechen willkommene Veranlassung, die Sage dorthin zu versetzen wegen des Anklangs an πῦρ; denn dass diese Lokalisierung von den Griechen ausgegangen ist, das zeigt eben die Zusammenstellung von Pyrenäen mit πῦρ. Man konnte dies um so leichter, als der Metallreichtum schon bei jenem Gebirge begann (cf. Plin. IV, 112: Pyrenaei montes, indeque regio referta metallis).

III.

Zu Fragm. 48 und 90 (S. 33 und 41). Athen. VI, 233 d.

Mit fr. 48, worin von dem Metallreichtum Spaniens die Rede ist, bringt man gewöhnlich eine Stelle bei Athenäus VI, 233 d zusammen. Hier ist zunächst von den Goldwäschereien bei den Helvetiern und anderen Kelten die Rede; dann fährt Athenäus fort: Καὶ τά τε πάλαι 'Ριπαῖα καλούμενα ὄρη, εἶθ᾽ ὕστερον Ὄλβια προσαγορευθέντα, νῦν δὲ Ἄλπια (ἔστι δὲ τῆς Γαλατίας) αὐτομάτως ὕλης ἐμπρησθείσης ἀργύρῳ διερρύη κτλ. Wegen der Erwähnung des Waldbrandes meint Bake p. 123 mit Casaubonus, Posidonius habe Alpen und Pyrenäen mit einander verwechselt. Lassen wir die Untersuchung hierüber vorderhand bei Seite, und prüfen wir, ob Posidonius wirklich von den Alpen spricht, und in wiefern er behaupten kann, sie seien identisch mit den Rhipäen der Alten.

Ziehen wir zu diesem Behufe auch fragm. 90 heran, (= Schol. Apoll. Rhod. II, 677): Ὑπερβορείους μὴ εἶναι τελέως φησίν Ἡρόδοτος... Ποσειδώνιος δ᾽ εἶναί, φησι τοὺς Ὑπερβορείους κατοικεῖν δὲ περὶ Ἄλπεις τῆς Ἰταλίας. Rhipäen und Hyperboreer stehen bei den Alten immer in Verbindung, und wenn Posidonius unter den Rhipäen die Alpen verstand, so musste er auch die Hyperboreer dorthin versetzen.

Dass man wirklich mit dem Namen Rhipäen ursprünglich das centraleuropäische Gebirge Pyrenäen — Alpen — Hämus zusammenfasste, dürfte sich aus folgenden Erwägungen ergeben:

Zunächst glaubte man, dass die jenseits dieses Gebirgsstockes wohnenden Völker von den Wehen des den Südländern so verhassten Nordwindes verschont seien, man pries sie daher glücklich und stattete in der Weiterbildung der Sage ihr Land mit allen erdenklichen Reizen aus. Veranlassung dazu mochten dunkle Gerüchte über den Metallreichtum der westlichen Gegenden geben, da ja jenes nördlich liegende Gebirge sich nach Westen hinzog (vgl. die Mythen von den goldhütenden Greifen).

Die älteren Dichter versetzten Rhipäen und Hyperboreer fast durchweg in nordwestliche Gegenden (s. Ukert, Geogr. d. Gr. u. Röm. III, 2, p. 98 fg.); die Logographen wiesen ihnen meist den äussersten Norden an, wie es scheint dem Prokonesier Aristeas (um 550) folgend; Herodot (IV, 32) aber erklärt, er habe in Scythien nichts darüber erfragen können. Eine solche Autorität mochte bestimmend einwirken, man kehrte zur alten Vorstellung zurück und suchte die Rhipäen und mit ihnen die Hyperboreer wieder im Nordwesten, und zwar macht sich von jetzt an schon allmählich die Ansicht geltend: Hyperboreer = Kelten.

Um Alexanders Zeit treten etwas genauere Nachrichten über die Gebirge in der Mitte Europas auf. Aristoteles (meteor. I, 13) scheidet bereits die Massen, Πυρήνη (bei Herodot noch ein Fluss) ist ihm ein Gebirge gegen Westen im Lande der Kelten; er nennt zuerst die Ἀρκύνια ὄρη, worüber wohl vom schwarzen Meere her Kunde zu den Griechen gelangte (cf. auch Pseudo-Aristot. mir. ausc. c. 112), als das bedeutendste Gebirge an Ausdehnung und Grösse, nachher spricht er von den Rhipäen, so dass die Arkynien gleichsam das Mittelglied sind. Und bei Heraklides Ponticus, einem Schüler des Plato und Aristoteles (Procl. ad. Plat. Tim. p. 28) lesen wir, ein Heer von Hyperboreern sei hereingebrochen und habe eine hellenische Stadt, Rom genannt, erobert. Als nördlich von den Alpen wohnend (also Kelten) mussten auch jene die Hyperboreer annehmen, welche nach Dion. Hal. A. R. I, 43 erzählten, Herakles habe mit einem Hyperboreermädchen den Latinus erzeugt.

Mit Erweiterung des Erdwissens, etwa seit Eratosthenes, mochte man etwas genauer mit den Gebirgen nördlich von Italien und Iberien bekannt geworden sein, man fing an die allgemeine Bezeichnung zu beschränken und den so getrennten Bergzügen besondere Namen zu geben. Schon seit Aristoteles waren, wie eben erwähnt, die Pyrenäen als eigenes Gebirge erkannt; man deutete nun Rhipäen auf den Centralstock nördlich von Italien, und die Hyperboreer mussten demnach nördlich davon wohnen. Als aber auch dieses Gebirge dem Wissen näher rückte, und (wohl erst seit Hannibals kühnem Heereszuge, den auch Griechen mitmachten) der Name des Alpengebirges nach Griechenland gelangte, mussten die Rhipäen und mit ihnen die Hyperboreer wieder weiter rücken, immer nach Norden, stets dem Erdrande nahe, und als vollends durch Polybius die Kenntnis von den Alpen und den Bewohnern jenseits derselben verbreitet wurde, da hielt es schwer, für derartige Gebilde der Phantasie einen passenden Platz zu finden. Von da ab sind die Rhipäen stehend im äussersten Norden, selbst in Asien, und die einen wiesen ihnen diesen, die anderen jenen Winkel der Erde an. Zum ersten Mal tritt uns der Name der Alpen entgegen bei dem Dichter Lykophron (unter Philipp III. von Makedonien; vgl. Niebuhr, kleine Schriften, 1. Teil, p. 438 fg.) in der Form Σάλπια (V. 1361). Umfassendere Nachrichten wurden den Griechen durch Polybius, welcher selbst die Alpen bereiste (II, 48); seine Beschreibung blieb aber immer noch unvollkommen; genügende Aufschlüsse erhielt man erst in Folge der Kriege der Römer mit den Alpenvölkern, namentlich mit den Allobrogern. Und nun tritt Posidonius auf und erklärt, dass die Alpen erst olbische Berge hiessen, und dass sie die Rhipäen der Alten seien. Dazu war er um so mehr berechtigt, als man, wie eben dargethan, früher wirklich jenes fabelhafte Gebirge dorthin versetzte. Es zeigt sich also bei Posidonius das Bestreben, die Unkenntnis früherer Zeiten zu berichtigen, wie er das so häufig thut. Bei solcher Gelegenheit musste er natürlich auch über die Hyperboreer Aufschluss erteilen, die von den Rhipäen unzertrennlich gedacht wurden, und wenn er behauptete, unter Rhipäen verstanden die Alten jenes Gebirge, das man als die Alpen kennen lernte, so muss er folgerichtig auch sagen, die Bewohner jenseits dieser Berge (also Kelten) sind die vermeintlichen Hyperboreer der Sage. Und was hat der Scholiast aus einer solchen Erklärung gemacht? Er führt den Posidonius als Autorität an gegen Herodot dafür, dass es wirklich Hyperboreer gebe, und dass dieselben am Fusse der Alpen wohnten. Er hat den Posidonius also einfach missverstanden.

Merkwürdigerweise besitzen wir ein Fragment, welches unsere Ansicht zu bestätigen scheint; ich meine die Stelle aus Protarchus von Tralles, die uns Steph. Byz. (Ὑπερβόρεοι) aufbewahrt hat (cf. Müller, fr. h. Gr. IV, 485): Πρώταρχος δὲ τὰς Ἄλπεις Ῥίπαια ὄρη οὕτω προσηγορεῦσθαι, καὶ τοὺς ὑπὲρ τὰ Ἄλπεια ὄρη κατοικοῦντας πάντας Ὑπερβορέους ὀνομάζεσθαι (cf. Müller, Dor. I, p. 277). Protarchos kann wegen der Erwähnung der Alpen nicht gut vor Polybius gelebt haben; Hygin, der Freigelassene des Augustus, benützte ihn; Protarchos lebte also nach Polybius und vor Hygin. Was letzterer aus ihm citiert, bezieht sich auf die italische Landesgeschichte, er muss daher Quellen benutzt haben, die ihm diese zugänglich machten; und hier wird vielleicht an das Werk des Alexander Polyhistor (Ἰταλικά cf. fr. h. Gr. III, 230), der unter Sulla schrieb, gedacht werden dürfen). Nun berichtet Protarchus das Gleiche, was nach Athenäus und dem Scholiasten auf Posidonius zurückgeht. Sollte nicht der Schluss gerechtfertigt sein, dieser Schriftsteller habe das Werk des Posidonius gekannt und benutzt, jenes Werk, das den Griechen eine Hauptquelle für die Kenntnis der westlichen Gegenden wurde? Schliesslich sagt Strabo im Grunde dasselbe, wenn er I, 61 schreibt, die Alten hätten alle nördlich vom Pontus, Ister und adriatischen Meere wohnenden Völker Hyperboreer, Sauromaten und Arimaspen genannt.

Posidonius erklärt, die Alpen hätten vorher Ὄλβια ὄρη geheissen; hiezu vgl. Etym. m. p. 623 ed. Sylb. Ὄλπια τὰ ὄρη διείργοντο Ἰταλίαν καὶ Κελτικήν. Der Wechsel der Labialen wie bei Ἄλβια und Ἄλπια (cf. Strab. IV, 202: Ἄλπια καλεῖσθαι πρότερον Ἄλβια und Steph. Byz. Ἄλπεις καὶ Ἄλπεια ὄρη καὶ Ἄλβια, διχῇ γὰρ ἡ γραφὴ καὶ διὰ τοῦ π καὶ διὰ τοῦ β; cf. Eust. ad

Dion. Perieg. V. 294). Zeuss (die Deutschen und ihre Nachbarstämme p. 2) denkt an einen blossen Vokalwechsel, wie Ὀρχόνια bei Eratosthenes (Caes. b. G. VI, 24) für Ἀρχόνια (cf. auch Ὀρχόνιος δρομός Ptol. II, 11). Diefenbach, Celtica I, p. 240 sieht in Ὄλβια resp. Ὄλπια die gadhel. Form für Ἄλπια. Auf diese Frage weiter einzugehen, ist hier nicht der Ort.

Posidonius spricht an besagter Stelle gelegentlich der Schilderung der keltischen Goldwäschereien auch von den Helvetiern (vgl. fr. 75, wo er sie ebenfalls goldreiche Leute nennt). Ueber dieselben konnte er leicht in Gallien Erkundigungen einziehen, speziell in Massilia, dessen Handel sich auch nach Helvetien erstreckte, wie zahlreiche in der Schweiz aufgefundene massiliotische Münzen beweisen (vgl. Mayer, Beschreibung der in der Schweiz aufgefundenen gallischen Münzen. Züricher Mitteil. 1863). Von einem lebhaften Verkehr jenes Volkes mit Gallien möchte auch der Umstand zeugen, dass es der griechischen Schrift sich bediente (Caes. b. G. I, 29; VI, 14).

Es ist bereits dargethan, dass Posidonius an unserer Stelle von den Alpen redet. Wegen αὐτομάτως ὕλης ἐμπρησθείσης ἀργύρῳ διερρόη meint nun Casaubonus (Strabo ed. Siebenkees T. VII, p. 624) und mit ihm Bake (p. 123) in Hinblick auf Strabo III, 147 (= fr. 48: οὐ γὰρ ἀπιστεῖν τῷ μύθῳ, ὅτι τῶν δρυμῶν ποτε ἐμπρησθέντων ἡ γῆ τακεῖσα κτλ), Posidonius habe die Alpen mit den Pyrenäen verwechselt. Das ist nach dem Gesagten nicht möglich; die Alpen waren ihm nach fr. 90 in Italien; er konnte höchstens die Sage von dem Waldbrande hier noch einmal angewendet haben. Nun schliesst sich aber bei Strabo (vgl. auch Diod. V, 37) an die Erwähnung des Waldbrandes der Vergleich der iberischen Silberbergwerke mit denen Attikas, das homerische Rätsel und der Ausspruch des Demetrius Phalereus an. Gerade so bei Athenäus. Das hätte also Posidonius ebenfalls wiederholt. Es fügt sich aber gar nicht gut in den Zusammenhang. Bei Strabo ist die Rede von den ergiebigen Silbergruben Spaniens, dem Bergbau und seinen reichen Erträgnissen, und hinsichtlich des letzteren Punktes werden die attischen Bergwerke in Vergleich gezogen, bei denen die erwachsenden Unkosten den Gewinn wegnähmen.

Bei Athenäus wird zunächst geschildert, wie es bei den Helvetiern und Kelten beim Goldwaschen zugehe, darauf folgt die Erwähnung des Waldbrandes, in Folge dessen τὰ Ἄλπια ὄρη ἀργύρῳ διερρόη (vorerst aber war die Rede von Gold), hierauf der Ausspruch des Demetrius betreffs der attischen Silberbergwerke. Strabo versichert, Posidonius habe bei Gelegenheit der Schilderung der Bergwerke Iberiens das vergleichsweise herangezogen, was Demetrius von den attischen sagte, Diodor stimmt auffallend damit überein, und bei Athenäus sollte Posidonius ganz unpassend das nämliche betreffs der Alpen angeführt haben? Liegt es nicht näher, die Verwirrung dem Athenäus zuzuschreiben? Man beachte, dass unmittelbar darauf eine Stelle über die Lacedämonier aus Posidonius angereiht ist; Athenäus hat eben Excerpt an Excerpt gereiht, und unsere Stelle enthält demnach drei verschiedene Bestandteile, die samt und sonders von Posidonius herrühren, die Schilderung der Goldwäschereien bei den Helvetiern und anderen Kelten, den Bericht über die Alpen, wozu fragm. 90 zu gehören scheint, und jene auch von Strabo (s. fr. 48) gelegentlich der Beschreibung der iberischen Bergwerke mitgeteilten Worte. Es bieten sich also blos zwei Möglichkeiten: Entweder hat Athenäus bei Aneinanderreihung seiner Excerpte ungeschickt verfahren, oder was mir wahrscheinlicher dünkt, wir haben eine L ü c k e anzunehmen; in letzterem Falle würde alles schön zusammenstimmen. Athenäus spricht von den Mühen, womit die Erwerbung der Reichtümer verbunden sei; hiefür führt er Beispiele an (δείγματος μὲν οὖν χάριν), zuerst die Arbeiten, denen sich die Kelten und Helvetier unterziehen mussten, um aus dem Flusssand Gold zu gewinnen, und bei dieser Gelegenheit war wohl von den goldführenden Alpenflüssen die Rede, vielleicht auch erklärt, dass die unter dem Namen der Hyperboreer den Alten geltenden Bewohner des gepriesenen Goldlandes eben diese Kelten seien; daran schloss sich als weiteres Beispiel die Schilderung der Mühen beim Bergbau, wofür die treffliche Beschreibung der iberischen Bergwerke herangezogen wurde, und wovon das, was jetzt bei Athenäus unmittelbar auf die Erwähnung der Alpen folgt, nur den Schluss bildete.

IV.

Zu Fragm. 49 = Strab. III. 157 (S. 35). Μετὰ ταύτην (scil. τὴν τῶν Ἐξιτανῶν πόλιν) Ἄβδηρα, Φοινίκων κτίσμα καὶ αὐτή. Ὑπὲρ δὲ τῶν τόπων ἐν τῇ ὀρεινῇ δείκνυται Ὀδύσσεια καὶ τὸ ἱερὸν τῆς Ἀθηνᾶς ἐν αὐτῇ, ὡς Ποσειδώνιός τε εἴρηκε καὶ Ἀρτεμίδωρος καὶ Ἀσκληπιάδης ὁ Μυρλεανός κτλ.

Existenz und Lage dieses Ortes ist völlig unsicher. Solin. 23 u. a. hielten es für Olisippo oder Ulisippo in Lusitanien. Allein es ist doch sehr leicht möglich, dass in der bei oben genannten Schriftstellern angegebenen Gegend ein von Phöniziern gegründeter Ort mit einem uralten Sacerdotium vorhanden war, woraus in späterer Zeit durch zufälligen Namensanklang ein Odyssea oder Ulyssea wurde. (Namen wie Ulia, Ulla, u. dgl. sind in Spanien und Numidien nicht selten, cf. auch Οὐλιζίβιρα Ptol. IV, 3).

In dem Tempel der Athene dürfen wir wohl ein Heiligtum der Onka erkennen, der phönizischen Athene (cf. Ὄγκα ἡ Ἀθηνᾶ κατὰ Φοίνικας Steph. Byz. Ὀγκαῖα; Schol. Eur. Phoen. 1078; bald mit Ἀθηνᾶ oder Πάλλας, Aesch. Pers. 164; cf. auch Schol. zu Pind. Ol. 2, 32 und zu Tzetz. Lyc. 1225; Nonnus V, 15 erwähnt in Theben einen Altar der Ὀγκαίῃ Ἀθήνῃ, welchen Kadmus, i. e. die Phönizier, stiftete; cf. auch id. 45, 69). Diese Göttin wird gewöhnlich im Verein mit Chusor, dem Hephaistos der Phönizier (cf. Sanch. in Müllers fr. h. Gr. III. pag. 566) aufgeführt (cf. auch Ach. Tat. II. 14: εἴθ' Ἥφαιστος ἔχων χαίρει γλαυκῶπιν Ἀθήνην). Die Vereinigung beider Gottheiten war eine Eigentümlichkeit des Cultus in Tyrus. Nun erscheint auf phönizischen Münzen von Malaca (einer tyrischen Colonie) Chusor als Kabire mit der Schiffermütze, als Erfinder und Beschützer der Schiffahrt (s. u. II), und ebenso wird ja meistens Odysseus abgebildet. Der Revers zeigt das Bild der Onka, von Strahlen umgeben (vgl. z. B. Gesen. mon. script. Phoen. tab. 41). Die Kabiren waren, wie schon erwähnt, (s. u. II.) Schiffsgottheiten, der Hauptkabire aber ist Chusor. Dieser genoss ganz besonders im südlichen und südöstlichen Spanien Verehrung (cf. z. B. Cic. de n. d. I. 30, 84; Polyb. X, 10, 11). Wir sehen also vorzugsweise einen Cultus des Gottes der Schiffsleute, und da die Schutzgottheiten der Ortschaften auch gewöhnlich als deren Erbauer gelten, so haben wir eine von Chusor, d. h. von Malaca oder den südlichen Colonien aus, also von tyrischen Schiffsleuten gestifteten Ort mit einem Heiligtum des Schutzgottes und der mit demselben stets in Verein vorkommenden Onka, in deren Tempel die aufgehängten Schilde und Schiffsgeräte deutlich für unsere Behauptung sprechen.

Diese phönizische Kultusstätte hat sich später verschmolzen mit dem Andenken des Odysseus, als durch die phokäischen Colonien griechischer Einfluss sich geltend machte, und das um so leichter, als mannigfache Abenteuer jenes Helden im Westen spielen, als die Abbildung des Chusor an ihn erinnerte, als das Heiligtum seiner Schutzgöttin dort gezeigt wurde und mit Schiffsgeräten geschmückt war und zu alldem noch der Namensanklang die Metamorphose begünstigte. Wir haben also bloss eine durch verschiedene, zusammenwirkende Umstände herbeigeführte Umdeutung in einen griechischen Mythus. Eine Nichtexistenz des Ortes anzunehmen, besteht meiner Ansicht nach kein Grund.